你所不知道的中国收藏

全球顶级拍场亲历者
带你走向财富自由

收藏理财燃灯人 **冯玮瑜** ◎著

南方出版传媒

广东人民出版社

·广州·

图书在版编目（CIP）数据

你所不知道的中国收藏 / 冯玮瑜著 . —广州：广东人民出版社，2017.7
ISBN 978 - 7 - 218 - 11735 - 5

Ⅰ.①你⋯　Ⅱ.①冯⋯　Ⅲ.①古代陶瓷－宋代－清代－图集　Ⅳ.① K876.32

中国版本图书馆 CIP 数据核字 (2017) 第 091811 号

Ni Suo BuZhiDao de ZhongGuo ShouCang
你所不知道的中国收藏
冯玮瑜 著

出 版 人：肖风华

策　　划：中资海派
执行策划：黄　河　桂　林
责任编辑：罗　丹
特约编辑：乔明邦
器物摄影：曹　勇
版式设计：王　雪
封面设计：张　英

出版发行：广东人民出版社
地　　址：广州市大沙头四马路 10 号（邮政编码：510102）
电　　话：(020) 83798714（总编室）
传　　真：(020) 83780199
网　　址：http : //www.gdpph.com
印　　刷：深圳市彩美印刷有限公司
开　　本：787mm×1092mm　1/16
印　　张：16　　字　　数：158 千
版　　次：2017 年 7 月第 1 版　2017 年 7 月第 1 次印刷
定　　价：68.00 元

如发现印装质量问题，影响阅读，请与出版社（020-83795749）联系调换。
售书热线：(020) 83795240

权威推荐

万　捷

全国政协委员、雅昌文化集团董事长

北京故宫文物保护基金会发起人、副理事长

冯玮瑜是雅昌艺术网的专栏作家，每次发表文章都吸引大量读者，用她亲身经历的故事来解读收藏与理财。她所写的故事纵横收藏、理财、历史、文化，引人入胜，给人启迪，《冯玮瑜亲历收藏系列》既有知识性又有趣味性，是一本值得大家阅读的好书。

许戈辉

凤凰卫视著名主持人

其实，每一个人天生都是收藏家，都有一双善于发现价值的眼睛。如何擦亮你的发现之眼，探寻生活中的艺术与价值？这正是《冯玮瑜亲历收藏系列》要解答的主旨。

徐家荣

《理财》杂志社社长、总编辑

《你所不知道的中国收藏》重新定义了收藏，将其作为一种高端理财方式。目前，房地产市场调控越来越严格，股市存在很多不确定性，收藏市场正在回暖，或许会成为跑赢通胀的一条捷径。

徐景权

深圳市前海金融创新促进会秘书长

《新金融》杂志总编辑

冯玮瑜老师以细腻的文笔真实再现了她与 10 件藏品相知相爱的心路历程。在她与众多业内顶尖人士的鉴赏过程中，传授收藏鉴赏知识。她致力于将艺术品打造成消费品，提升普罗大众的生活水平。

郑磊博士

香港 CMBI 资产管理公司执行董事

从中国（CHINA）和瓷器（china）就可以感受到其中的渊源。中国瓷器文化博大精深，冯玮瑜老师以细腻的文笔真实再现了她与 10 件藏品相知相爱的心路历程。同时，她还邀请众多业内顶尖人士在鉴赏这些藏品的过程中，传授收藏鉴赏知识。

宋三江

深圳久久益资产管理有限公司总经理

每件国宝瓷器蕴藏着一段传奇动人的故事，无不散发着浓浓的文化气息，令投资人收藏家无不觉得开卷有益。

毛丹平

"Fortune & You，财富智慧你的魅力与幸福"课程创办者

高端理财畅销书《金钱与命运》作者

《你所不知道的中国收藏》作者冯玮瑜是 BBC 录制《你所不知道的中国（第三季）》纪录片时，邀请的第一位中国大陆收藏家。本书文字雅致婉转，阅读时就好像聆听作者把自己的亲身收藏经历娓娓道来，又可以学到许多理财和收藏专业知识。

优雅大方的玮瑜

吴　欢

全国政协委员

中国文物保护基金会（历史文化）首席专家

著名书画家（著名剧作家吴祖光、评剧表演艺术家新凤霞的儿子）

玮瑜做事认真，做人大气，处事大方得体。

作用响应国家"一带一路"战略的具体举措，经中华人民共和国文化部批准，2016 年 12 月，"中华传统文化澳门行"在澳门回归 17 周年纪念日隆重开幕，作为组委会秘书长的玮瑜，与"中华传统文化澳门行"总统筹温伟文先生一起由与展览场地、搭建公司、广告公司、公关公司等各方的谈判，到展位规划方案、展品摆设方案、展览期间的各项活动方案，再到走访各级政府部门、澳门政府相关部门、协助展品的报关出关、统筹嘉宾接待方案……看她忙得不可开交，而她总是笑意盈盈的，好像有总用不完的精力，她带领着组委会高效地工作。我作为组委会总顾问，与玮瑜工作上接触较多，亲眼见证了她专业的素养、负责的态度、敬业的精神，且极具决断力和执行力。"中华传统文化澳门行"能够成功举办，玮瑜功不可没。在她的努力下，本次展览还举办了十多场学术论坛、讲座，吸引了数百家国内、国际权威媒体的争相报道，进一步加强了国与国间、地区与地区间的文化交流，再一次向世人宣扬了光辉灿烂的中华传统文化。

吴欢委员正在为本书撰写推荐序

她是把做地产的节奏和风格用来做文化事业，做得风风火火，有声有色。

玮瑜乐于助人，热心公益，对于文化事业是为善不甘人后，早在2014年1月22日，玮瑜就个人捐款40万元给广东省博物馆事业发展基金会，以个人绵力去促进文化事业的发展，当时的报纸电视都有广泛报道。而且我还知道，玮瑜对于一些文化团体、一些学术活动时有捐资赞助，只是这些不为大众所知而已。

今天，她把自己的收藏故事与读者分享，让我们了解到艺术界、收藏界有那么多趣事，让我们如身临其境般窥见精彩无比的收藏世界，也看到一个成功的收藏家是如何进行收藏的。成功非侥幸，不是光有钱就能成为收藏家，玮瑜在收藏领域所获得的成功，与她的眼界、决断和细心是分不开的。

知道她事业成功，还真没想到她的文笔是那么流畅，细腻的情感洋溢于字里行间，行云流水，如诗如歌，读她的文章，是一种享受。

希望她的系列丛书能更快、更多地与读者见面。

推荐序 2

我所认识的玮瑜

吕成龙

故宫博物院研究馆员

故宫博物院古器物部主任

故宫博物院学术委员会委员

故宫研究院陶瓷研究所所长

　　玮瑜样貌娟好，"玮"是玉，"瑜"更是美玉，人如其名。玮瑜给人的第一感觉是皎若秋月，称得上是干练的南国丽人。

　　认识玮瑜好几年了，看着她从房地产行业华丽转身，进入收藏领域，不几年间，声名鹊起，成为收藏界一个佼佼者，一个知名女收藏家，不禁暗自为她感到高兴。

　　玮瑜的成功，我看主要有以下几点。

　　一是聪慧。每一个与玮瑜有过交往的人，最欣赏她的聪慧。她知书达理，言语得当，声音柔婉，待人接物使人如沐春风。谈起收藏，玮瑜有自己的理论、方法，说陶论瓷，更是有自己的独特见解。"秀外慧中"用在她身上真是再贴切不过了。

二是悟性。从事收藏，真有悟性成分在里面。对每一个朝代、每一件器物的鉴定方法，悟性高的人只需高人指点一下，就能触类旁通；悟性不高者，你教得辛苦，他也学得辛苦，只能将勤补拙。而玮瑜对陶瓷有种天生的悟性，我只需稍稍点拨，她就能理解明白，有时还能举一反三。在我与她的交往中，悟性过人是我对她的真切感受。

三是谦虚。虽然她收藏了不少好东西，可从没见过她沾沾自喜或盛气凌人，与人相处，她总是那么谦逊有礼。尊师重教更是她的涵养，无论是见到德高望重的耿宝昌老师，还是在忙得不可开交的展览开幕式上与普通爱好者互动，她总是礼贤于人，这都是我在现场亲眼所见。

四是勤奋爱学习。玮瑜经常来北京向我请教，她每次来北京，见面一定会问我最近又发表什么论文了？出版什么著作了？得知后，她都会想方设法找到带回去学习，由此可知她学习之勤奋。遇到不懂的问题，她会刨根问底，直到弄懂为止。她一边博览群书，一边结合自己收藏的众多藏品，分析比较，提出问题。她所提出的问题，都有一定的深度，可见她勤于思考、善于研究，在用心学习。

有了以上四点，在收藏界已是凤毛麟角了，可她偏偏在地产行业历练出与众不同的收藏理念：不捡漏。

不贪便宜、不迷信故事、不执着于虚妄，说易行难，这可不是普通人做得到的。不是见多识广，不是洞察世情，不具有良好的心理素质，真的很难做到。由于不贪便宜，不去捡漏，所以她收藏的路上就躲过一个个"地雷"，也没有去付一般人刚走上收藏之路时所要交的学费。

| 吕成龙老师与冯玮瑜在故宫饭堂吃馒头

　　玮瑜的收藏走的是一条与大多数收藏家不同的路线，她眼界奇高，尽量收藏流传有序的藏品或大收藏家的旧藏，这保证了她所获藏品的高品质。

　　她不贪大求全，但起点颇高，一进入收藏领域，就高屋建瓴，走精品收藏、系列收藏路线。例如她收藏的明、清御窑黄釉瓷器系列，2016 年在北京举办的"皇家气象——自得堂藏黄釉御窑瓷器特展"甫一亮相，一下子震惊国内外收藏界。数遍国内外藏家，还从来没人做过这么系统整齐的御窑黄釉瓷器系列收藏，玮瑜可谓开风气之先的第一人！当时的电视、报纸、网络等媒体争相报道。

　　她收藏的时间不长，却做得有声有色，受到收藏界行家们的赞赏。这主要得益于她收藏之路走的对，把握了正确方向。她愿意与广大读者分享成功的经验，没有把"独门秘笈"藏之于闺阁，可以见其胸襟之坦荡。她的成功之路对收藏爱好者是很好的启迪。

她的文字优美，蕴含女性细腻和独特的观察视角，既感性又知性，既传统又现代，既有故事又有知识，读之，使人如临其境，妙趣横生。

作为玮瑜的好朋友，在玮瑜新作即将付梓之际，应玮瑜盛情邀请略赘以上数语。

这是一本自传体式讲述收藏故事的好书，里面既有玮瑜的切身感受，又有她的心路历程，更有她与当今收藏界名流交往的趣事。一切是那么的真实，正如我所认识的玮瑜一样。

最后，谨祝玮瑜的收藏体系越来越丰富，祝《冯玮瑜亲历收藏系列》成功发行。希望她今后娓娓道来更多的精彩故事，以飨读者。

希望读者和我一样——喜欢玮瑜、喜欢她的生花妙笔。

 序 言

燃亮收藏风尚，引领投资新方向

　　这些年来，我作为艺术品市场的亲历者，见证了艺术品市场烈火烹油般的兴旺，也经历了艺术品市场寒冷彻骨的隆冬。这些年来，我作为艺术品的爱好者和收藏者，多次参加过国内外拍卖公司的竞拍，现场见证过不少中国书画、瓷器的拍卖新纪录诞生，例如 2.81 亿港元的明成化鸡缸杯、1.14 亿港元南宋官窑青釉八方弦纹盘口瓶、1.84 亿人民币的李可染《万山红遍》、2.71 亿港元的张大千《桃源湖》……同时，我自己作为一个收藏者，也参与数不清的竞拍，举牌之间，一念之下，得与失，悲与喜，开心与失望，懊悔与怅惘……凡此种种，百味俱陈。这些，我都亲身经历过，甘苦备尝。

　　我们都是每一件艺术品收藏经历的过客，所以，我格外珍惜自己与它们的缘分。每件藏品的递传过程，都有种种曲折离奇的经历，拍场内外的故事，藏品与我的缘分，因物而与各位老师交往，每每想起，依然清晰如昔。

　　作为一名年轻的女性，一名感情细腻的女性，对待生活，对待收藏，自然会有不同的视角。

　　衣食足然后知荣辱，当我们的生活走过温饱之后，我们就有了精神上

的追求。怎样才有品质地生活，怎样才能不辜负此生？当我们放慢匆忙的脚步，蓦然发现：现代的生活，需要文化来填充。当我们不再为油盐酱醋而烦恼的时候，我们就会向往优雅的、有品质的生活，艺术收藏成为我们的一种选项。品味诗书画，体验瓷文化，会让我们内心充盈，让生活有趣。那是一种境界，也是一种体验，更是对传统文化的心灵感悟。

收藏，打开了我们生活的一扇门，当我们徐徐推开这扇门，无论你是仔细品鉴，还是惊鸿一瞥，都会恍然大悟：收藏世界真的是"袖里乾坤大，壶中天地宽"。那是一个全新的世界，如此多姿多彩，如此引人入胜，如此博大精深，让我们流连忘返，让我们可以在里面寻找到自己的精神家园。

收藏其实是我们与生俱来的欲望，伴随着我们的一生一世。在我们幼年时，为得到一个玩具，我们会哭闹着要大人买，人到中年时我们辛苦打拼，追求拥有一套房子、一件家具、一种用品……其实，这是我最原始的、最内心的欲望——拥有它，这就是收藏。每个人的内心深处，对传统文化本能的亲近。收藏就是拥有自己认为最美好的东西，并且欣赏它，从而满足自己的内心追求。这不仅仅是心灵的丰富，也是艺术修为和文化的沉淀，还能培养自己的情怀、宽阔自己的视野和想象，同时使自己心有归依，并带来愉快的享受。

收藏并不是高不可攀的，收藏的类别也很多，只要是能触动我们内心深处感动的东西，都可以收而藏之。收藏会引领你进入一个超然脱俗、精神享受的世界。

珍惜每一次与藏品相见的机会，感受藏品带给我们的感动，真的是一件很幸福的事。选择在自己的空间里与藏品相处，感受过去，领悟未来。

在收藏中感受岁月流淌的美好，感悟器物印记着岁月痕迹和对过去时光的怀念与想象。

收藏会经历种种奇奇怪怪的事。世界很大、世界又很小，在最恰当的时刻，我们有幸碰上了，相聚一起，仿佛冥冥之中自有天数。人缘、物缘，无巧不成书，演绎出一幕幕悲欢离合的故事。

此书所记录的每一个故事都是我的亲身经历，那些年、那些事、那些人、那些悲欢离合、那些喜乐与哀愁，我把自己的感受细细道来，与读者分享。

同时，在每一篇文章里都加入一些"玮瑜说瓷"，这是我自己认识、鉴赏瓷器的经验总结。如果有读者朋友也喜欢收藏古瓷器的话，这些小知识就可以成为你们初涉收藏瓷器领域的入门指南，希望能有益于读者朋友。

每一件藏品，都是我的心爱之物，都是有缘才在此刻相聚。每一件藏品，都有着前世今生，几百年的流传经历，它们的身上有一个个故事。见藏品如见藏家，每一个藏家的风格都可以从他（她）的收藏品里看到。

我喜欢收藏单色釉瓷器，单色釉的淡雅出尘，是我内心那种宁静的体现。已分不清是谁收藏谁，我们已融合成一体。艺术与收藏不只是有钱人的游戏，而是每个人精神追求的必由之路。在有限的人生里，感受艺术的熏陶，让生活更雅致，让每一天都过得更有意义。

"收藏是有钱人的游戏。"——这似乎已是人们约定俗成的观念。是啊，艺术品都很贵，某件艺术品拍卖出了天价，某某富豪以令人瞠目结舌的高价买入某幅名画……诸如此类的报道屡见不鲜，如此看来，工薪阶层做收藏好像真有点天方夜谭。如今工薪阶层投资股票的比比皆是，投资房产的也不在少数。既然股票房产可以投资，收藏当然也可以。只是大多数工薪阶层还没有这种意识罢了。

你不理财，财不理你。这句话的意思大家都懂，但很多人不知道的是，收藏也是理财的一种方式。在投资了股市和房产后，艺术品应该成为你投资配置的另一个选择。

很多人有疑问：工薪阶层怎么搞收藏？

甘兹夫妇原本是美国普通的工薪阶层，1941 年，当时还未成婚的甘兹夫妇在纽约罗森博格画廊邂逅了毕加索的作品《梦》，他们以 7000 美元从当时的藏家手中买下了这幅画。在二人于 1942 年成婚后，开始了长达 20 年的唯独钟情于毕加索的收藏历程。在这 20 年间，二人共藏购了毕加索的 24 幅画作、10 幅素描、五座雕塑及上百幅版画，囊括了毕加索各个时期的代表作。1997 年 11 月，在佳士得纽约举办的"甘兹夫妇藏品专场"拍卖会上，甘兹夫妇收藏的 58 件毕加索作品以及西方现当代艺术作品以 2.06 亿美元的总额成交，创下了当时个人珍藏拍卖总成交额的世界纪录，而高达 460 倍的回报率在艺术市场也极为罕见。

宫津大辅，作为日本赫赫有名的收藏家，同时也是一名普通的工薪阶层，有 20 多年的收藏经验。他收藏的第一件作品是草间弥生的一张小尺幅，价格是他 6 个月的奖金。

他采用的收藏方式是以比较便宜的价格收藏那些还未成名的艺术家的作品。他说："因为我是非常普通的上班族，如果艺术家成名了，作品价格高了，我就买不起了。所以只能在艺术家刚刚开始做艺术的时候就看准他的作品买过来。首先我没有在拍卖场里买过作品。其次，我也没有从艺术家那里直接买过。我基本上都在画廊购买，而且是跟艺术家签约长期代理的画廊。为了收藏草间弥生的《无限之网》，我拿出了自己所有的存款，但是还不够，剩下的金额只能分期付给画廊。那时我白天在办公室上班，每周有三天晚上去酒店做保安，因为要还作品的钱。"随着草间弥生的名声越来越大，宫津大辅所收藏的作品也随之升值。

我父母家里收藏有一批官窑瓷器，从标签看，大多是父亲在1990—1995年间从广州市文物总店购入的。根据标签和发票的记录，购入价800多元到3000多元不等。如果现在拿出来拍卖，应该都是几万到几十万。对于20世纪90年代初的工薪阶层来说，几千元并不是无法负担的数字。我很清楚，当时我们家的经济状况并不算富裕。20多年过去了，这几十倍的升值，如果把它看作投资，理论上平均每年的收益率也不差吧？

2015年，我在苏富比拍卖会上以60多万的价格购藏了一对清朝雍正年间的青花缠枝花卉纹小杯。原广州文物总店的总经理曾波强老师感叹："这种杯子，当年我们文物店做展销时，一只一万块都没人买！还要到处求人来捧场，最后只能打折出售，哪晓得现在翻了几十倍！早知道，唉！"

诚然，大多数收藏是兴趣使然，但艺术品不仅是文化的载体也是财富的象征。尤其是那些杰出的艺术品，它们是整个民族，整个社会乃至全人类文化遗产的重要组成部分。艺术品不只可以用来鉴赏，还能为我们创造财富。商业化的流通是藏品获取和增值的主要渠道之一，投资艺术品可以创造出无限的可能。很多事情不是做不到，而是没有意识到，而投资讲究的是眼光。

收藏，追求的是身心愉悦。我时常为古代艺术品的精美迷醉，怀着一种喜悦和敬意来收藏它。闲暇时拿出心爱的藏品细细玩赏、研究，感觉自己仿佛逃离了喧嚣纷扰的城市，走进了神秘绚烂的历史画卷。与藏品的每一次亲密接触，都让我的内心变得平静而充实，有一种无以言表的欢欣，这就是收藏的乐趣。这样的乐趣，在若干年后，又为藏家带来了意料之外的经济效益。在精神得到满足的同时，还享受到了经济效益，这是何等美妙的事情。

收藏，并非遥不可及。他人的故事，也并非不能复制。如果你把它看作是兴趣，你确实会从中得到无限的乐趣。如果你把它看成投资，那么它是可以陪伴你一生的投资。

收藏可以陶冶性情、修身养性，可以令生活更加有趣。收藏已成为我的一种生活方式。

2017 年 1 月 1 日

 作者介绍

冯玮瑜

著名收藏家
中华传统文化国际行组委会秘书长
广州市当代艺术研究院理事长
雅昌艺术网专栏作家、自得堂主人

2016 年 5 月，应中国嘉德邀请，在北京举办"皇家气象——明清御窑黄釉器特展"和"明清景德镇御窑黄釉瓷器鉴赏"讲座。首先，这是中国大陆私人藏家首次序列化、系统化收藏和展出明清御窑黄釉瓷器，所收朝代基本接近完整，具有引领和示范作用；第二，展品来源清晰，流传有序，真、精、美、雅俱全，为古瓷收藏带来一道靓丽色彩；第三，这次展览纯粹学术交流，不涉商业行为，所有藏品只供同好共赏，不参与任何形式商业活动。

2016 年 11 月，英国广播公司（BBC）和江苏电视总台对本人进行追踪拍摄，并在 2017 年 6 月 3 日的大型记录片《你所不知道的中国》（第三季）在江苏卫视和 BBC 首播。

2014 年 1 月，受邀在广东省博物馆举办"自得堂藏陶"展览，为广东省博物馆的首次石湾陶塑个人收藏展。2015 年 9 月与中国嘉德合作在北京举办石湾陶塑的专题展览，弘扬推广岭南文化。

　　长期从事推动岭南文化的工作，协助举办"中华传统文化国际行"；延揽名家开办"融熙文化大讲堂"；邀请上海龙美术馆到广州举办"龙美术馆两宋稀世书画藏品特展"；组织龙美术馆创办人刘益谦、苏富比亚洲区行政总裁程寿康、佳士得亚洲区总裁魏蔚、瑞士银行执行董事岳思颖等八位收藏界顶级专家学者开讲"全球艺术品高峰论坛"。

目 录
CONTENTS

第 1 章

前世今生

一件
清康熙郎窑红釉梅瓶
入藏记

TALES FROM CHINESE COLLECTIONS

藏品：郎窑红釉梅瓶　　　　　　来源：卢芹斋旧藏
年代：清康熙　　　　　　　　　中国嘉德2015年11月15日
款识：无款　　　　　　　　　　编号2590
尺寸：高18厘米

2015年11月，著名收藏家冯玮瑜收藏

　　此瓶小口、唇边，短颈、丰肩、瘦胫、圈足，造型优美、雍容端庄，色彩绚丽、红艳鲜明。瓶口红釉浅淡，至肩部逐渐深红，渐变效果更显迷人红色，且具有一种强烈的玻璃光泽。釉汁肥厚，釉面因光线折射而布满轻微的白色絮点，底部施白釉，玉璧形底，无款。

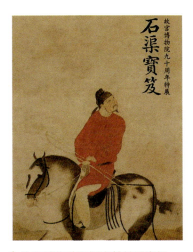

故宫博物院石渠宝笈特展海报

2015 年 9 月，适逢故宫博物院 90 周年院庆，故宫国宝频频亮相，专题展览惊喜连连，尤以"石渠宝笈特展"名动中外。欲睹国宝风采，至少需要 6 个小时的排队等待，纵使烈日炎炎，观众仍热情不减，可谓盛况空前。

为此，中国嘉德国际拍卖有限公司与故宫博物院联合举办"故宫博物院'石渠宝笈特展'嘉德贵宾专场"活动，邀请中国嘉德的贵宾参观。展览当天只对嘉德贵宾开放，谢绝旁人，让嘉德贵宾免却烈日下排队等待之苦。承蒙中国嘉德邀请，我也荣幸地加入贵宾之列"到此一游"，可尽情近距离畅览"石渠宝笈特展"及《清明上

中国嘉德石渠宝笈特展贵宾邀请函

河图》。不但如此，在参观完特展后，故宫博物院娄玮副院长专请著名古书画收藏家朱绍良老师和我等共六人一起在故宫用膳。

<h1 style="text-align:center">（一）</h1>

午宴过后，见尚有时间，我马上赶去首都博物馆，参观其年度重要展览——"盛世风华·大清康熙御窑瓷"大展。康熙盛世，珍品名器固然不少，不过最为吸引我的，却是一个郎窑红釉小梅瓶（由故宫博物院借展首都博物馆）。梅瓶以独立展柜重点展示，是本场大展仅有的几件独立展柜展示的重器之一。可见首都博物馆和故宫博物院都认为该器是本场展览的亮点。

所谓"郎窑"，是指清康熙四十四年至五十一年，江西巡抚郎廷极督理景德镇窑务时所烧造的瓷器。其中以仿宣德红釉而烧造的高温红釉"郎窑红"

故宫博物院娄玮副院长（左三）、著名古书画收藏家朱绍良（右三）与
冯玮瑜（右一）等合影

最为著名。"郎窑红"釉色深艳，似初凝牛血一般猩红，虽是仿宣德宝石红釉，但又仿中有创，特色鲜明。

郎窑红瓷器深受人们的珍爱是有充分理由的，除了其釉色鲜艳悦目外，烧造困难、成品率低也是主要原因。

郎窑红釉是以氧化铜为着色剂，生坯挂釉，入窑经1300℃以上高温在还原气氛中一次烧成。郎窑红的烧制对窑室气氛、

首都博物馆"盛世风华·大清康熙御窑瓷"大展现场

温度等技术指标要求极高，烧造难度极大，成品相当不易，常常是百里挑一。当时民间有"若要穷，烧郎红"的说法，可见烧制郎窑红之不易！

郎窑瓷器，以模仿明宣德、明成化官窑而得名，而仿宣主要是鲜红釉，其鲜红色泽较宣德鲜红釉更为鲜艳凝厚，清澈透亮，釉面开片具有强烈的玻璃光泽。郎窑红常有"脱口垂足郎不流"之说。所谓"郎不流"是指釉面垂流不过足，足根与红釉处整洁，器身越往下，红色越浓艳，近足处的釉层最厚，有些瓷器呈黑红色。这是由于高温熔融状态下的釉层垂流所致，口沿处釉层变薄垂流，露白色胎骨，成"脱口"为"灯草边"。郎窑红器底呈米汤色或浅绿色，俗称"米汤底""苹果绿"。郎窑红釉瓷器造型有瓶、盘、碗、盒、炉、觚、洗、水盂等，一般都不署款。

郎窑最早的文字记录出现是刊刻于康熙五十四年(1715)刘廷玑所著《在园

玮瑜说瓷
Tales from Chinese Collections

脱口，指器物仰烧时，由于高温熔融状态下釉汁熔化，釉层垂流，口沿部位的釉层因向下流淌而变得稀薄，露出瓷胎的颜色。

杂志》一书："近复郎窑为贵，紫垣中丞公开府西江时所造也。仿古暗合，与真无二，此摹成宣，釉水颜色，橘皮鬃眼，款字酷肖，极难辨认。"

故宫博物院这件郎窑红釉梅瓶，色如牛血猩红，器如美人端然。我的眼睛瞬间定格于它，久久不能离开。作为一个喜爱单色釉瓷器的收藏者，乍见此瓶，那一瞬间的惊艳感觉，绝不亚于"众里寻他千百度，蓦然回首，那人却在灯火阑珊处"。我绕着展柜四方，转了一圈又一圈，脚走得慢，心跳得快，生怕遗漏一个细节，少记一个特征。我要把它们都印到脑里，毕竟这是标准器。心想有朝一日，能藏一器若此，不亦快哉！

（二）

两个月后，中国嘉德秋拍在北京隆重登场。中国嘉德每年春、秋两场大型拍卖会是艺术品收藏圈里的盛事，人人均视其为当年艺术品行情的风向标。藏家、行家都极其关注和积极参与，我亦每逢大拍必去，每次基本都能拍得一两件心仪藏品。

预展那天，绕场一圈，看了不少拍品，好东西不少，称心的却不多。走着走着，突然眼前一亮，好一件拍品：这不是首都博物馆康熙特展那件郎窑红釉梅瓶吗？

故宫博物院的藏品咋跑到拍卖场了？见拍品如见故人！我小心翼翼上手，

| 郎窑红釉梅瓶瓶口及底部

仔细端详一番，长吁了一口气：原来不是故宫那件。此瓶非彼瓶，只是两件极为相似，但略有不同：嘉德这件瓶口至颈部留白，这是由于釉汁较厚，高温烧造时口沿釉汁向下流淌，口沿部位釉层变薄而形成的，这亦是郎窑红的一大特色；而故宫那件颈部无留白，如瓶身一样呈牛血红色，只是唇边一圈白色灯草口。

玮瑜说瓷
Tales from Chinese Collections

灯草口，指器物烧制时，由于釉汁较厚，釉汁经高温熔化后向下流淌，而使得口沿釉层变薄，露出胎土的白色胎骨，所以口沿上会出现一圈白色线，就好像古人点灯时使用的灯草一样，故称"灯草口"。

梅瓶以口小只能插梅枝而得名。因瓶体修长，宋时称为"经瓶"，作盛酒用器，造型挺秀、俏丽，明朝以后被称为梅瓶。《饮流斋说瓷》描述："梅瓶口细而颈短，肩极宽博，至胫稍狭，抵于足微丰，口径之小仅与梅之瘦骨相称，故名梅瓶。"

故宫博物院藏郎窑红釉梅瓶

郎窑红小梅瓶并不多见，一般郎窑红瓶多为圈足底，底部施釉，足内白釉泛黄有细碎开片，即所谓"米汤底"，无款。我藏有一件"米汤底"郎窑红观音瓶，属大器，而嘉德这件小器的"玉璧形底"我没见过。但"玉璧形底"是康熙时期的工艺特征，"玉璧形底"在康熙其他立件器物中常见，只是小器的郎窑器底部如何？我没见过。

虽然当时预展现场大家都认为它确是康熙本朝，年份到代，是郎窑无疑！但我对小器的郎窑红瓶底部是否这样制作却把握不准，只因我没见过，故宫那件因在展柜内不能上手，没有见到底部。对这件小梅瓶，虽然都说开门，但对收藏者而言，还得做足功课，查阅相关参考资料，以作判断。

翻查手机里面首都博物馆"盛世风华·大清康熙御窑瓷"大展，那件"故宫博物院藏郎窑红釉梅瓶"的照片。展品说明如下：

> 该器外壁饰郎窑红釉，釉色鲜亮明丽，釉面上布白色絮点，外底不施釉。造型小巧雅致，颜色亮丽明艳，口沿和足端的一抹白色与整器的鲜亮红色釉相得益彰，为康熙颜色釉之佳作。梅瓶内壁施白釉。玉璧形底，无款。

果然是玉璧形底！这就消除了我对嘉德拍场上这件郎窑红梅瓶器型的疑惑。

与故宫藏品相比，两件器物大小、形制、釉色都极其相似，极有可能是同期同批制作的产品。可惜故宫那件不能上手，而且展览时未标尺寸。虽然凭记忆是大小相若，但对古董的分析研究讲求精准细致，不能全凭记忆，最重要的是实实在在的数据与证据。随后，我多方查搜，终于通过电脑查找到首都博物馆康熙大展那件郎窑红梅瓶的尺寸：高度 18 厘米，口径 3 厘米，足径 6.2 厘米。两件对比，尺寸完全相同，果然是兄弟俩！真是无巧不成书！嘉德这件瓶口至颈部的留白比故宫藏品更多，故渐变效果更明显，釉色更迷人。

预展有两天时间，还可以再做做功课。勤能补拙，多翻书研究。功夫不负有心人，我又查到了相似的另一例：中国国家博物馆亦藏有一件同样形制的郎窑红釉梅瓶，见《中国国家博物馆藏文物研究丛书·瓷器卷·清代》第42页，编号25，注录一件清康熙郎窑红釉梅瓶，但尺寸比嘉德这件稍大，高22.5厘米。其说明也是"玉璧形底"，可见当时梅瓶器形确是玉璧形底。该书还特别注明：康熙郎窑红梅瓶十分罕见，故弥足珍贵。（注：中国国家博物馆是大型综合类博物馆，藏品丰富，是国内屈指可数的国家级博物馆之一。）

中国国家博物馆著录

有标准器为证，剩下的就是考证来源。不查不知道，一查长知识。嘉德这件梅瓶来源显赫，它是一代中国古董巨商卢芹斋的旧藏。

卢芹斋先生是备受争议的人物。他是20世纪海外最大的中国古董商，曾将大量中国文物贩卖至欧美。在长达数十年的海外古董贸易生涯中，究竟有多少中国文物被他卖到海外市场，至今无人说得清楚。据称1949年以前流失海外的中国文物，至少有一半由他流转出去，其中最著名的莫过于"唐太宗昭陵六骏"中的"飒露紫""拳毛騧"和宋代《睢阳五老图》。

从中国人的角度来看，卢芹斋为一己之私利，盗卖中国文物，取悦洋人，周旋于西方上流社会，与洛克菲勒、摩根、范德堡等豪门巨贾做中国文物生意，对中国文物，考古等方面造成了不可估量的损失。

然而，西方却认为他是推广中国古代文化的使者。从卢芹斋贩卖文物开始，西方人逐渐学会欣赏中国的青铜器、玉器、陶器、佛教造像等。从某种程度上说，他是西方认识中国古董文物的启蒙者。西方世界几乎所有重要的博物馆都与他有过千丝万缕的关系，像伦敦大英博物馆、美国波士顿艺术博物馆、巴黎吉美美术馆等，不仅从卢芹斋处购买中国文物，还得到他的慷慨捐赠。

卢芹斋对中国文物的鉴定，在西方世界很有发言权，获得欧美文物界绝对信任。他去世已半个多世纪，至今还没任何一个中国古董商像他一样，能获取国际广泛的信任。由此可见，卢芹斋的商业信誉极佳，鉴定水准一流。

通过查证、对比、分析、验明正身，这件经卢芹斋收藏过的郎窑红釉梅瓶，确系真品无疑。

拳毛䯄

白蹄乌

青骓

什伐赤

特勒骠

飒露紫

▎唐太宗昭陵六骏石雕图

越是接近拍卖的日期，越想得到，心里越是忐忑，就怕节外生枝。

预展期是两天，我前前后后上手看了不下四次。嘉德瓷器部温华强先生见我反复把玩，问我对此器的看法。我考证了半天，自认为得之一二，见小温一问，忍不住把自己的考证一五一十地全讲出来，还把首都博物馆展览的照片一张一张翻给小温看。

小温听着看着，也兴奋起来：这件东西是我亲自从美国背回来的，来源绝对没问题……小温还说只是没去首都博物馆展览现场看过那件郎窑红，所以不便在图录上说，这下好了，请你把那些照片都给我吧。我答："好啊，好啊。"我一边拿出手机，一边问："要这些干吗呀？"他说："查到这么好的资料，我要发给朋友和客户看，让他们来买呀！"

糟了！都说女人叽叽喳喳的话多，守不住秘密。这毫无保留全抖出来，不是给自己找对手吗？我又不是钱多得没处花，这雷锋我可当不了！关键时刻我总算清醒过来，把手机一把塞回包包："可以可以，等拍卖结束了才能发给你。"小温一下子愣住了，很快他恍然大悟，笑着说："哦哦，明白，好好好，等拍完再给我吧。"

参加这场拍卖的人数还不少，座无虚席，举牌踊跃。但经过一轮轮的举牌竞价后，在拍完了一件明洪武的釉里红大碗和一件清乾隆的青花抱月瓶后，举牌的人气就渐渐疏落。等到这件翘首以待的小梅瓶出现，我的心都提到嗓子眼上，生怕杀出一个程咬金，横刀夺爱。谁知拍卖师连喊几声，也只有我一人应价，落槌声一响！

我竟以底价竞得！

比我心里的预算还低一大截，当场就喜出望外——"解放区的天是明朗的

天"，北京的灰霾都抛到
九霄云外了。

如果不是 2015 年
艺术品市场遭遇寒冬，
这一代名品，怎会以这
样的价格归于我手！幸
甚幸甚！这件郎窑红釉
梅瓶，后来还是时任中
国嘉德陶瓷部总经理的

▎时任中国嘉德陶瓷部总经理刘越（左）与冯玮瑜合影

刘越先生，不辞辛劳，千里迢迢，亲自送来广州我家，交到我手上。中国嘉
德的这份情义，刘越老师的辛劳，小女子深为感动，铭记在心。

（三）

2016 年 7 月 12 日，景德镇陶瓷大学、中国陶瓷文化研究所陶瓷与考古
研究中心主任曹建文教授，专程来广州探望我。景德镇是明清御窑的产地，
而曹教授是研究御窑瓷器的著名学者，不仅在景德镇是权威专家，而且在全
国也具有广泛影响力。

我们的话题自然是离不开御窑瓷器，曹教授感叹道："御窑的完整器都
运到北京进入皇宫了，留在景德镇的就是因品质未达到要求而摔破深埋而存
留下来的残片。前些年发掘到一些埋藏坑，出土了一些碎瓷片，修复了一些，
完整器就没有了。"

| 景德镇陶瓷大学曹建文教授（左）与冯玮瑜共赏藏品

我谈了自己的看法："有确凿出处可考的瓷片，对研究瓷器大有裨益，毕竟完整器不会打烂它来研究，而瓷片可以看到胎体构成、厚度、釉层、圈足截面、制作工艺这些细节，互为引证。"

我们勾手相约：曹教授尽可在我这里上手研究小女子收藏的完整器，我也去景德镇上手曹教授收藏的大量官窑瓷片。

这件郎窑红釉梅瓶，曹教授非常感兴趣，反复观察，还把手电筒拿高拿低，从不同的角度研究其釉色、造型，非常仔细。我们一起探讨其釉色之美，还把首都博物馆和故宫博物院联合编印出版的《盛世风华·大清康熙御窑瓷》第102页里面的"郎窑红釉梅瓶"（就是前文提到在首都博物馆展览的那只梅瓶）共同比较印证，对发色、造型的相似性都持同样的观点。

曹教授对这只小梅瓶赞不绝口，我听在耳里，就像听到赞扬我一样，心里美滋滋的。不知不觉，藏品与我，已渐渐融为一体。

此瓶小口、唇边、短颈、丰肩、瘦胫、圈足，造型曲线优美、雍容端庄、色彩绚丽、红艳鲜明。瓶口红釉浅淡，至肩部逐渐深红，渐变效果更显迷人红色，且具有一种强烈的玻璃光泽。釉汁肥厚，釉面因光线折射而布满轻微的白色絮点，底部施白釉，玉璧形底，无款。

　　自鸦片战争起，中国的近代史充满着外侮和屈辱，国家衰弱，人民流离失所，大量文物被劫掠、被盗卖而流失海外，成为国人的锥心之痛。经过 30 多年的改革开放，卧薪尝胆，发愤图强，中国又逐渐强盛起来。欣逢盛世，以往流失海外的文物，终于可以回家了，文姬归汉，剑合钗圆，家幸国昌。

　　一个时代的终结，也是另一个新时代的开始，国家强盛，经济崛起，才是文物回归的根本原因。一件流失海外多年，经名家递藏的康熙名品，通过中国嘉德拍卖，终于回流国内，入藏于我，是幸也是缘。

　　感谢苍天！

从熟悉、易于了解领域入手进行收藏理财

　　30 多年的改革开放对中国社会产生了很大的冲击，每个人都渴望自己明天会更好；30 年的市场经济进程也创造了一波又一波的机会潮，每个人都有机会改变自己的命运，关键是如何握住命运的咽喉。

　　现今，艺术品收藏已成为一种时尚，还是一种财富的标志，报纸、电视等传播媒体，纷纷设立专题栏目介绍古董收藏、艺术品投资。艺术品既是文化的载体，也是财富的载体，不仅可以鉴赏，还能为我们创造财富，寓欣赏于收藏，寓快乐于投资。艺术品收藏已是继股市、楼市之后的另一种资产配置方式。

　　但不可否认，进入收藏领域还是有风险的，如同股市、楼市一样，收藏有风险，投资需谨慎。如果能够掌握更多的艺术品知识，那么我们进入收藏时就能够最大限度地规避风险。

　　当你刚刚进入收藏领域，要收藏一件古瓷器，面对琳琅满目的器物，如何选择？最好从经典器型入手，因既为经典，其器型必为大家所熟识。千万不要刚进入收藏就剑走偏锋，老想着收藏一件前所未见的好东西，收藏一件连博物馆都没有的"传世孤品"。不管故事多么动听，就算你亲眼看着"出土"，也建议你退避三舍，就像任盈盈对令狐冲说："江湖风波险恶，多多保重。"

收藏理财，首先保证不购入赝品，以免本金打了水漂。新手上路，先求"保本"，从经典器型入手，是较安全的做法。

对于经典器型，你较容易了解其在历史上的演变过程，容易掌握其使用功能和每个朝代的特点。

梅瓶就是一种经典的器型。

梅瓶是北宋创烧的一种瓶式，因口小只能插梅枝而得名，又因瓶体修长，宋时称为"经瓶"，作盛酒用器。《饮流斋说瓷》描述："梅瓶口细而颈短，肩极宽博，至胫稍狭，抵于足微丰，口径之小与梅之瘦骨相称，故曰梅瓶。"

关于梅瓶的用途，磁州窑白地黑花梅瓶身上有墨彩书"清沽美酒""醉乡酒海"等文字，可知其为酒器；但辽墓壁画中所见用来插花，可见又是陈设器。

宋代梅瓶一般呈蘑菇形口，器身修长；元代呈平口，短颈上细下粗，器型雄伟；明以后多唇口。

梅瓶的器身随各朝代审美情趣变化而各有不同特征。

这里所说的只是收藏的一种方式和方法，并非收藏就得从梅瓶入手，在熟悉、易于了解的领域进行投资，就会少犯错误。

第 2 章

飞龙在天

一件

元青花龙纹玉壶春瓶

入藏记

TALES FROM CHINESE COLLECTIONS

藏品：青花龙纹玉壶春瓶　　　　　　来源：徐展堂旧藏

年代：元　　　　　　　　　　　　　　伦敦苏富比1998年5月13日　编号37

尺寸：高27.6厘米　　　　　　　　　　佳士得香港2005年10月28日　编号1406

款识：无　　　　　　　　　　　　　　华辰厦门2015年6月20日　编号411

2015年6月，著名收藏家冯玮瑜收藏

　　本器为典型的玉壶春瓶的样式，造型端庄优美，喇叭口，细长颈，垂鼓腹，圈足微外撇，胎质略粗，圈足内底施釉，腹部为行龙纹，一条三爪龙盘于瓶身，张牙舞爪，昂首扬须，威风凛凛，气势恢宏。龙头较小，张口吐舌，细颈、细腿、长爪，龙鳞为斜方格网状细鳞，胸部、背部及肘部有火焰状飘带纹，纹饰细长，飘逸流畅。整个画面的画法具有典型的元代风格，与其他朝代明显不同。

2005 年 7 月 12 日，佳士得伦敦举行"中国陶瓷·工艺精品及外销工艺品"拍卖会。一件主体纹饰为"鬼谷子下山图"的元青花大罐，被英国著名古董商埃斯肯纳兹（Eskenazi）先生以 1400 万英镑拍得，加佣金后为 1568.8 万英镑，折合人民币约 2.3 亿元，创下当时中国艺术品世界最高拍卖纪录。

消息传来，这个天文数字的价格，震撼中国艺术界和收藏界。自始，元青花的大名，如雷贯耳，国内几乎无人不知无人不晓。

圈外的朋友听说我收藏瓷器，总是问我有没有元青花。听得多了，被问得多了，也见过苏富比、佳士得上拍过几件元青花，不免心里惶恐起来：这些年好歹算是收藏了几件瓷器，可就没入藏过元青花，没藏有元青花算不算落伍呢？是否也该补个缺呢？

"不能落后"——这大概也算攀比思想吧。说起来怪不好意思，我也有这种思想，小女子也弄不明白，自小在广州西关长大，"东山少爷西关小姐"，这种思想真不知何时产生。这个问题困惑我许久，后来似乎弄明白了：也许从幼儿园、大学到社会，都被父母、老师、领导教育要力争上游、追求分数、追求排名、追求业绩造成的。自小到大每一个阶段，老师、领导都用学习榜样教导我，时时刻刻都被提醒不能落后，成绩要前几、比赛要前几、特长要考到几级、业绩要排到第几……反正凡事不能落后。不知不觉，就产生了不能落后的思想，有了这个想法，人就活得没那么快乐了。

为了不落后于人，我就开始留意元青花，其实心里很明白：自从有 2 亿多元的"鬼谷子下山"后，元青花的价格一直就凯歌高奏，响入云端。有时我盯着拍卖会上摆在重要位置的元青花大件器，看看估价后面那一串零……摸摸自己的口袋，只有叹口气的份儿，像《红楼梦》里的晴雯——"心比天高，身为薄命"——苦也。

（一）

玮瑜说瓷
Tales from Chinese Collections

流传有序，指的是器物流传过程中，来源及传承清晰，有实证可查。

2015 年 5 月 13 日，伦敦苏富比拍卖会出现一件"元青花龙纹玉壶春瓶"，编号 37。该瓶在 1956 年东京"元明名品展"、1961 年东京"中国宋元美术展"、1966 年东京"中国陶瓷名宝展"等展览展出过，并有多次出版著录。其中茧山龙泉堂 1976 年出版的《龙泉集芳》卷一第 235 页图版 703 也著录此瓶。这件拍品符合我收藏要求"流传有序"的原则。

茧山龙泉堂是所有瓷器藏家都知道的日本顶级古董商之一，它的藏品以精美而闻名。这件"元青花龙纹玉壶春瓶"底价才 7700 美元（通常这样的低价我叫钓鱼价），真是便宜啊！有早年展览、有著录，这么好的"出身"，真假就不用考虑了，底价还那么便宜！这不是捡漏，简直是"捡金子"！

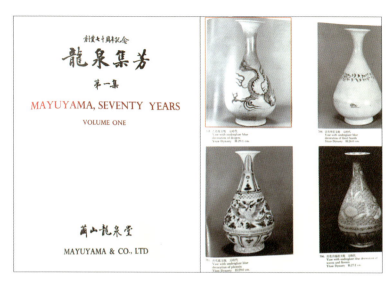

|《龙泉集芳》内页第 703 号为元青花龙纹瓶

我委托香港苏富比拍卖有限公司亚洲区董事、中国艺术部大中华资深专家李佳女士，向伦敦了解拍品的品相，并办了电话委托。这场拍卖，李佳飞去伦敦，但当李佳把伦敦苏富比关于该玉壶春瓶的《品相报告》和多幅她从各个角度拍下的照片发过来后，我大失所望。

《品相报告》说该器物："口沿及颈端经修复,窑烧有误使颈（龙头部分）及下腹呈褐色。"——原来是件残器，这不符合我的收藏标准呀。即使有著录,也只是个标本,这哪是"金子"呀？就是一块"镀金"嘛！要花大价钱，而东西却有那么大的缺陷，实在心有不甘。遥望伦敦，"金子"不要了，我挥一挥衣袖，不带走一片云彩。

连名满天下的茧山龙泉堂的这件元青花藏品都是残器，还要著录在茧山龙泉堂《龙泉集芳》里，可见元青花的确难求。

我对元青花就不做非分之想了。

（二）

人生的际遇有时会很奇妙，当你拼命追求时，不一定能得到；当你放弃时，它又主动出现了。正应了收藏界常说的那句话：东西会来找你的。

仅仅不到一个月，我在香港与明成馆的郑里大哥吃饭叙旧，他送我一套《竹月堂藏单色釉器》。双方聊着聊着，我说起茧山龙泉堂这件元青花的故事，郑大哥好奇地问："一直只知道你收藏单色釉，从没听说过你要收元青花呀？"我讪讪自笑："就想人有我有，收件在手，不甘落后呗。"

没想到郑大哥是热心人。言者无意，听者有心，我闲聊的话他记在心上。过了几天，郑大哥来电说有件元青花出现了，是件青花龙纹玉壶春瓶，在华辰厦门春拍上拍，问我知道不？我说平常没关注，所以不知道。郑大哥说："这件元青花龙纹玉壶春瓶来源很好，是 1998 年伦敦苏富比的

| 明成馆郑里先生（左）与冯玮瑜合影

拍品。1998 年国内对元青花认识不深，没多少人关注。当时市场也没有好价钱，所以赝品不多，那时伦敦苏富比的拍品，应该是开门的，反正到时我也去厦门，帮你看看。"

┃ 伦敦苏富比 1998 年秋拍图录

　　元代享有国祚不到百年。作为一个王朝，它是短暂的，但元代青花瓷却是中国瓷器史里一颗蒙尘的明珠，只是近半个世纪才被拂去尘埃，显出其璀璨夺目的本色。在各个不同历史时期，如明、清，直至民国，仿烧元青花瓷器几乎没有。因为当时元青花瓷的资料和器物都极其匮乏，况且现在看到的元青花瓷器上也很少书写纪年款识。过去，人们还认为元青花是明初的器物，因此，在元末明初青花瓷器的断代界限上，也每每仁者见仁，智者见智。而紧接元末就到了明朝洪武、永乐、宣德时期，永宣时期又是中国青花瓷器的发展高峰之一。后来青花瓷的爱好者和牟利者都很关注明朝永乐、宣德的青花瓷器，却忽略元青花是一座尚未开发的宝藏。

　　自从美国学者波普博士，以英国大维德基金会藏"至正十一年款"青花龙纹象耳瓶（原北京智化寺旧藏）为依据，对照伊朗阿特尔寺及土耳其伊斯坦布尔博物馆元代青花瓷器发表了两份研究报告后，元青花才引起世人的关注。西方收藏家一直到 1968 年，克里夫兰美术馆举办"蒙古统治下的中国艺术"（Chinese Art Under the Mongols）展览后，才开始青睐元代瓷器。

从 20 世纪 70 年代开始，元代青花渐渐受到重视。一直到 20 世纪 80 年代，元青花瓷器的仿品才逐渐多见，而元青花仿品大盛则在 2005 年"鬼谷子下山"创下拍卖纪录之后。

元青花瓷器大大改变了宋代瓷器含蓄内敛的风格，以鲜明亮丽的视觉效果，雄浑豪迈的气度，将中国瓷器推向一个全新的艺术形式，奠定后世青花瓷的优良传统和繁荣局面。

元代疆域辽阔，兵不戍边。元代绘画抽象简洁，雄浑豪放，气势恢宏，草木灵动，挥洒自如。元代的青花瓷器虽然色泽单一，但纹饰与时代风格一致，其大气隽逸的艺术韵味，不仅深得中国人喜爱，更为外国藏家痴迷。

元代以后，中国艺术品基本上停止雄浑、隽逸，向巧雅、趣味发展，所以元青花瓷器既是一个破天荒的开端，又是一个大气磅礴和充满民间意趣时代的终结。

翻看华辰厦门春拍图录，里面记载这件元青花除了是 1998 年伦敦苏富比的拍品之外，还曾是中国香港大收藏家徐展堂的旧藏。

我去电问郑里，郑大哥说帮我打听一下。后来郑大哥复电："这件东西是有来源的。中国香港著名古董鉴赏家黄少棠老师证实，确是徐展堂旧藏。这件元青花是他当年还在香港苏富比工作时，亲自帮徐展堂先生拿去伦敦苏富比上拍的，来源清晰，东西开门，没有问题。更为难得的是，黄先生作为经手人，愿意出具证明。"

原来真是徐展堂先生旧藏！

人称"古董徐"的徐展堂先生，不仅是中国香港商界翘楚，还是一位热衷传统文化、杰出的文物收藏鉴赏家，其过人的见识和丰富的收藏已成当代传奇。据说他是"荟集中国文物最快、数量最惊人"的收藏家，也是当时全球五大收藏家中唯一的华人。

徐展堂先生先后向世界 7 个国家和地区的博物馆捐赠文物和相关资金，支持建设以"徐展堂"名字命名的中国艺术馆，像英国维多利亚和阿尔伯特博物馆的徐展堂中国艺术馆、澳大利亚国家艺术馆的徐展堂中国艺术馆、加拿大皇家安大略省博物馆的徐展堂中国艺术馆。在国内，他出资 100 万美元帮助上海博物馆建设新馆，并捐赠藏品设立徐展堂陶瓷馆，还曾捐赠藏品给南京博物院、香港大学、香港徐氏艺术馆等。

马未都先生曾撰文评价徐展堂先生："我和徐展堂先生认识显然是因为收藏。当年徐先生是藏界叱咤风云的大腕，出手很重。在 20 世纪 80 年代，国人还不知收藏乐趣之时，香港拍卖大都是日本人的天下，日本人想要的东西基本上没中国人插手的份。我那时年轻，人穷志短，只能站在拍卖场上作壁上观。一次在与日本人竞拍一件瓷器时，徐先生的坚定使价格扶摇直上，当最终价格突破千万而落槌时，满场掌声雷动，徐展堂先生因此获得'抗日英雄'的雅号。"

徐展堂在中国古董收藏界可谓声名显赫，却不幸于 2010 年 3 月 3 日晚在北京出席全国政协的晚宴后意外脑溢血，英年早逝。

他虽是香港颇有名望的大富商，但让他名留青史的一定是因为他挚爱的收藏。他的收藏堂号"在望山庄""徐氏艺术馆"至今依旧名头不堕，响掌眼，意为受托方根据自身的经验和能力，对某器物进行观察、审验，作出判断，并把结果和建议告知委托方，即辨别真伪并提供意见。当本人不能对某一器物作出确切的判断，需要请别人帮忙鉴定时，称之为请人掌眼；当本人根据自身经验、能力帮助他人鉴定器物的真伪或品相时，称为帮人掌眼。

彻古董收藏界。他的旧藏虽有散佚，但其旧藏依然在拍卖场极具吸引力，因为他的藏品都是经过众多专家掌眼。以专业而论，徐老板算不上文物专家，但其收藏的专业地位毋庸置疑，这缘于他拥有雄厚的财力。一旦遇到他认为好的藏品，就会召集各路神仙帮他把脉断案。他把博物馆的专家、古董店的老板、江湖上的高手，都招至麾下，好吃好喝好待遇，帮他掌眼，所以他的藏品质量相当不错。

但是徐展堂为什么在 1998 年尚在壮年时就要处理这件藏品呢？是这件东西不对吗？还有，为什么不在香港送拍反倒要费工夫送到伦敦拍卖呢？这是参加竞拍前我要思索的问题。

人在江湖漂，谁都有软肋，不可能刀枪不入。尤其在风险极高的古董界，古董不能开口说话，没有真假，只有新旧，对古董不能单听故事。

胡适先生说："大胆的假设，小心的求证。"

有聚有散，收藏家转让某件藏品，本属常事，原因有多样：有可能是收藏方向转变；或者同类藏品已不止一件；

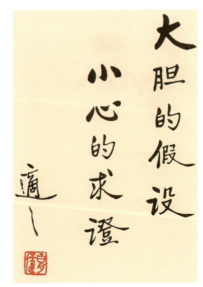

| 胡适先生的题词

还有可能是这件把玩一段时间想换一件更好的,"以藏养藏"是常见的事（但徐老板不需如此）……总之原因很多,收藏期间转让藏品并不是不可思议的事。

当然也不排除自己手上的器物是赝品,所以悄悄出货。不过,首先,以徐展堂的财力和众多专家的掌眼,看错的机会不大；其次,如果是赝品要出手,他可以找其他人代劳,绝不会自己去找苏富比的人去干这样的事,这不是自堕名声吗？以他的地位,名声比器物更重要；其三,如果真是赝品,他把它扔到垃圾箱也犯不着露丑于行内,这个赝品钱他亏得起！"蟑螂不止一只",如果他真这样做,那么说明他的其他藏品也会存在同样的问题,但徐老板过世几年,到目前为止,没听说过有人质疑他的藏品真赝；其四,苏富比是否会明知一件东西是赝品而上拍呢？况且由香港送到伦敦上拍,即两地的苏富比公司的人员都知道这事,悄悄出手赝品,犯不着搞到人尽皆知；其五,香港看错,难道伦敦又看走眼？如果明知是赝品,苏富比这家二百多年的老店会赔上自己名声做这种事吗？

从以上推理看出,因这只元青花玉壶春瓶是赝品而要处理的可能性不大。那又是什么原因呢？

联系到这件玉壶春瓶在伦敦上拍是 1998 年,而香港及东南亚在 1997 年发生亚洲金融危机,香港受到一次强烈的动荡和冲击,徐展堂在这期间发生了什么事？元青花上拍与亚洲金融危机是否有关联呢？

亚洲金融危机给香港造成的伤害之深,其切肤之痛让香港人记忆犹新。当时大规模爆发破产潮让人触目惊心,由亚洲金融危机引发的负资产问题,令很多香港人历经十年还喘不过气来。我妈妈和外公、外婆都是香港人,

我对这一切体会极其深刻，有切肤之痛。

1997 年，以乔治·索罗斯为首的国际投机家，开始对觊觎已久的东南亚金融市场发动攻击。由索罗斯所引起的这场金融风暴，从东南亚发端，横扫亚洲，震惊全球，泰国、印度尼西亚、文莱、马来西亚、新加坡、韩国、中国台湾，这些国家和地区一个接着一个倒下，形成"多米诺骨牌"效应。

其时香港也是国际炒家重点攻击的目标和重要战场，5 月，香港被狙击，股市汇市大幅动荡……到 10 月 20 日，香港又受到第二波冲击，股市又开始下跌。10 月 21 日，香港恒生指数下跌 765.33 点，22 日则继续这一势头，下跌 1200 点。23 日，对于港元前景的担忧使香港银行同业拆借利率节节上扬，21 日仅为 7% 左右的隔夜拆息一度暴涨 300 倍。在这种市场气氛下，港股连续第四次受挫，下跌达 10.41%。24 日，在连续 4 个交易日大幅下跌后，香港股市在这天强力反弹，恒生指数上升 718 点，升幅达 6.89%。但到了 27 日，纽约道·琼斯指数狂跌近 554.26 点，是有史以来跌幅最惨的一天，因而导致中途自动停盘一个小时；东京股市开盘后即狂跌 800 多点。28 日香港恒生指数狂泻 1400 多点，跌幅达 13.7%，全日最低达 8775.88 点，以 9059.89 点收市，跌点数创历史之最。

这仅仅是交锋最激烈的几天。而亚洲金融危机自 1997 年开始，至 1999 年才基本结束。其间香港的股市和汇市历经多次狙击，令香港受到强烈的冲击，工商界首当其冲，而徐展堂的生意也正是此时遇到极大的危机。

古董界大多都听说过徐展堂卖古董救生意的事。

我在家里找到一本 1998 年 11 月 26 日的香港《东周刊》杂志第 318 期。这是一本香港八卦杂志，早已停刊多时，没有收藏价值。家里书房存有此本杂志纯属偶然，是我先生当年在香港购买。他记得当时还买了其他几本大幅报道"古董徐卖古董"的八卦杂志。但 18 年过去了，十年人事几番新，其他几本已杳然无踪，而硕果仅存的这本，能让我今日用于分析，仿佛冥冥之中自有安排，知道我日后会入藏徐展堂几件旧藏要用到似的。

这本杂志的封面大标题是《卖城巴都唔掂，徐展堂班水救亡》。里面的内容就是八卦"被誉为亚洲最大古董收藏家"的徐展堂，拥有两家上市公司，总市值近 80 亿港元（当时 80 亿跟现在不可同日而语），最近却受财政问题困扰，甚至可能要出售上市王国。

文中提到：近日盛传他为套现变卖大量古董。杂志发行时徐展堂尚在人间，未听闻徐展堂有控告杂志诽谤。

要变卖古董救亡，则必定选择容易卖出变现的，而且为筹集资金，也要变卖有一定价值的器物，这件元青花刚好符合以上标准。

当时香港一片风声鹤唳。古董要在香港变现或以更高的价格变现，恐不现实，而当时伦敦受亚洲金融危机影响没有香港严重，而且伦敦在 20 世

| 香港《东周刊》杂志报道"古董徐卖古董"

纪 20 年代就成立了东方陶瓷学会，营造收藏中国艺术品的风气及市场，余韵流香，伦敦一直是中国艺术品交易中心之一，所以徐展堂在伦敦出货也就可以理解了。

草灰蛇线，终是有迹可循。

考证一件东西，要通过对历史、政经、流传记录等多方面进行研究，结合多种因素，相互印证。连没人留意的多年前八卦杂志都用作佐证，要像福尔摩斯一样，抽丝剥茧，层层深入。因为我不是元青花专家，所以更要分析研究，小心求证。

黄少棠先生是香港知名的中国古陶瓷鉴赏大家和大行家，是著名收藏家和鉴赏家陈玉阶先生的弟子。1982 年至 1989 年，在香港苏富比拍卖公司担任陶瓷器物部主管，后来自己在香港开设古董行，是香港行内公认的大古董商之一。

他是徐展堂先生的顾问，也是敏求精舍收藏家郭炳湘先生的顾问（郭炳湘是香港大地产商新鸿基公司的老板之一），还是香港著名收藏家何柱国先生玉器收藏"玉缘"的顾问（何柱国是香港烟草公司的老板），同样也是香港敏求精舍竹月堂收藏顾问……他的眼力奇高获得同行的认可和赞赏。

黄少棠老师作为徐展堂先生的顾问，亲手协助他经办过这件元青花的流转，应该对其来历了如指掌。他的亲笔证言非常难得，也是可确信的。毕竟在香港做古董这一行，最重要的就是信誉，而且当时他是香港苏富比的员工，知道这事的不止他一人。一旦做假证马上就会传开，而且做假证在香港是刑事犯罪，他没必要，也犯不着去做假证。

| 中国古陶瓷鉴赏大家黄少棠（左）与冯玮瑜合影

（三）

郑里大哥把该玉壶春瓶从各个角度拍下多幅照片发给我参考，还把品相告诉我："器型完整，没有破损，是完整器，但口颈部分有土沁，如果要清除，可在香港找人处理，但觉得还是保持原样，带有历史痕迹更好。"

从图录和郑里发来的照片看，该玉壶春瓶与茧山龙泉堂旧藏（即前文所述伦敦苏富比拍品）非常相似，也是三爪龙纹，没有其他绘饰，特别是龙头、龙身的画法如出一辙，应是同一时代的产物。

所谓"玉壶春瓶"，是因为唐代玉壶春酒而得名，定型于宋代，元代非常流行，明清时期玉壶春瓶逐渐由实用功能转为陈设观赏器。

元青花玉壶春瓶本身不多见，其中玉壶春瓶以龙纹为饰的更为罕见。

元青花玉壶春瓶 "三爪龙纹盘于瓶身"

此瓶与常见元青花瓷器繁密的绘饰布局不同,绘饰相对简练。白釉之上绘三爪龙纹盘于瓶身,细颈细头,首尾相连,躯体矫健,昂目怒视,绘工精练。

元代瓷器上画龙的不少。龙躯细长、细颈、细腿、细爪和尖尾巴(偶有火焰式大尾),体态轻盈。头较小,张口、吐舌,下腭有须,上颌一般无须。龙身鳞片分两种,以网状细鳞片多见,留白大鳞片少见。胸与背部,常饰有火焰状飘带。肘部有长毛三至四根或一撮。龙爪以三爪、四爪居多,五爪极为罕见。

元代延祐元年,开始明确"双角五爪龙纹"及"麒麟、鸾凤、白兔、灵芝"等,臣、庶不得使用。元朝没有设置专烧皇家器物的官窑,因此凡有禁用纹饰的青花器物,也是民窑受命而生产的官方器物,但不画这些纹饰的元青花瓷中,也必有相当一部分是官窑器。而元青花中的三爪、四爪龙纹及制作较粗的器物上基本为臣、庶所用的器物。由此判断,这件三爪龙纹玉壶春瓶应为臣、庶所用的器物。

元青花、完整器、徐展堂旧藏、黄少棠经手及书面证明……一件瓷器,汇集了那么多元素,令我怦然心动。

这些因素叠加,我通过查阅资料、认真斟酌郑里发来的照片,多次向郑里大哥电话咨询了解,对拍品早已心中有数,就没飞去厦门,做了电话委托。拍卖时闭着眼就把这件元青花龙纹玉壶春瓶拿下。

黄少棠老师果然履行诺言,专门为我出具器物经手过程证明,并确认该器确是他经手过的徐展堂旧藏器。

这件元青花龙纹玉壶春瓶,是由郑里大哥亲自送到广州。郑大哥体型较胖,一路上细心护着盒子,直到亲自交到我手上,看他小心翼翼而略显笨拙、累得满头大汗的样子，真难为他了。非常感谢郑里大哥的帮忙！郑大哥真是"好人做到底，送佛送到西"啊！打开包装盒，把玉壶春瓶一摆出来，一种历史沉淀的气息扑面而来。

本器为典型的玉壶春瓶的样式，造型端庄优美，喇叭口，细长颈，垂鼓腹，圈足微外撇，胎质略粗，圈足内底施釉，腹部为行龙纹，一条三爪龙盘于瓶身，张牙舞爪，昂首扬须，威风凛凛，气势恢宏。龙头较小，张口吐舌，细颈、细腿、长爪，龙鳞为斜方格网状细鳞，胸部、背部及肘部有火焰状飘带纹，纹饰细长，飘逸流畅。整个画面的画法具有典型的元代风格，与其他朝代明显不同。

元代瓶、罐之类器型，采用分段制胎，然后再用胎泥黏合而成，黏结处器表往往凸起，给人以不平之感。外壁接痕经打磨，但内壁接痕仍清晰可见，器物颈部内侧略加切削，内壁均不修削。元代制胎时不讲究修坯，因此显得成型工艺较粗糙。本器分三段接成，底、腹、颈处胎体接痕明显，

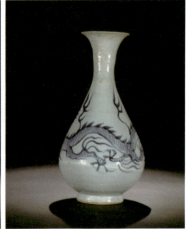

| 元青花龙纹玉壶春瓶龙头龙尾

不修内壁，足边不规整，有弯曲现象。

元青花立件中的玉壶春瓶，其内口沿部位，常常加绘一道卷草纹或云头纹边饰。入明后，此类内边饰现象，起初仍存在于明洪武朝玉壶春瓶上，洪武以后消失。但本器口沿部分并没有绘边饰，我也查过其他资料，也见过有口沿不带边饰的元青花瓶，这件玉壶春瓶不是例外孤品。

元青花瓷器的釉色总体分两种色调：一种呈灰蓝色，较浅淡；另一种是深蓝色，较艳丽。传统概念中，呈色灰蓝者为国产料，呈色蓝艳者为进口料，即苏麻离青料。元青花所使用国产青料，其成分为高锰、高铝，与同时的进口料差别很大，所描绘的青花纹饰呈色蓝灰或蓝黑，见浓淡色阶，青料积聚处有蓝褐色或黄褐色斑点，黑褐色的斑点较少，如含锰过高时青花纹饰呈色为蓝中微微泛红，釉面下凹并哑光。本器的釉色偏灰蓝，应是国产料。

深圳博物馆副馆长郭学雷研究馆员，在看了这件元青花后说："不赞成国产料的说法，应该是同样的釉料，都是苏麻离青料。由于温度等烧窑的原因，致使其发色灰蓝，这件元青花也是有黄褐色斑点的，斑点处也有轻微下凹。"

元青花削足处理方法，常见底足足端外墙斜削一刀，此瓶底部旋削纹较粗、较疏。元青花除执壶、玉壶春

深圳博物馆副馆长郭学雷（左）与冯玮瑜共赏元青花

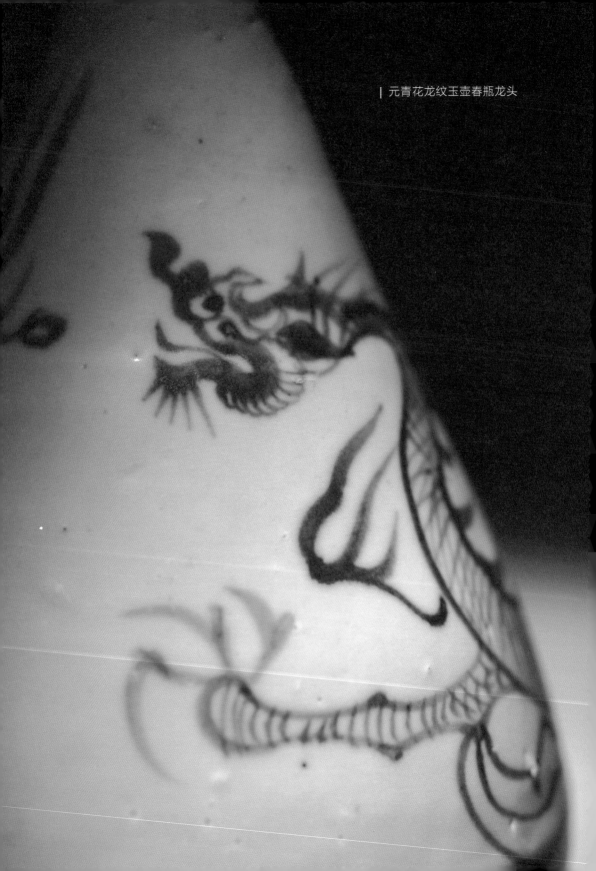

元青花龙纹玉壶春瓶龙头

瓶外，器物的底部一般露胎。此瓶与同时代玉壶春瓶一样是满釉的，底部和圈足内外粘有窑砂，有些已熔入釉中。

不管是窖藏的还是传世的元青花，元代旧物终究会凝固住一些时光印迹：埋于地下，秘藏于地窖，其釉层稀薄处，不可抗拒地要染带土沁、土斑。土沁斑是否自然、分布是否合理，辨伪时值得重视。而传世品，由于年代久远、人间沧桑和岁月摩挲缘故，釉面也会显出质地老气，或因为历经使用，棱角、釉面不免会有轻微的剥蚀或磕碰，出现磨损划痕等。所以此瓶的土沁、土斑属自然现象，是元代旧物的历史遗痕。

就陶瓷成型工艺而言，现代景德镇流行的说法：三分拉坯，七分修坯。这就是说，器物的形状主要靠修工用刀修整。元代工艺恰恰相反，七分拉坯，三分修坯。有人认为是技术问题，其实不然，主要是由于现代泥料的可塑性已大不如前。由于元代泥料可以拉得很薄，所以器物的上半部和内部，根本不需要修整，只需对下半部和圈足做简单修整。因此，元代器物的口沿和脖颈都线条流畅，外形圆润，不落刀痕。

著名当代画家、广州美术学院教授范勃，同时也是古陶瓷的爱好者和大藏家。这些年范老师以著名当代画家而蜚声艺术界，但鲜有人知他还是宋元高古瓷的大收藏家，他把大部分资金都拿来买高古瓷了。当代艺术和高古陶瓷，好像风马牛不相及的两种艺术，都在范勃老师

玮瑜说瓷
Tales from Chinese Collections

土沁：指瓷器埋于地下时，经过一段相当长的时间，由于土层压力、釉层表面张力、温度及地下水的传递等多种因素，导致土壤介质向瓷器的曲面、凹洼处及裂缝中渗透富集的现象。年代越久，这种土壤介质的渗透富集层附着在釉面上就越多、越厚、越牢固。

| 广州美术学院教授范勃（左）与冯玮瑜合影

身上融为一体。世事就是如此悖逆，也是如此不可思议。

小女子跟范老师意气相投，一见如故。记得在深圳"知白守黑——北方黑釉瓷文物展"期间，我们在展览的接待晚宴上已喝得东摇西晃，饭局结束，结伴走到酒店大堂，意犹未尽，又约上任志录所长和郭学雷馆长一起到大堂酒吧，继续喝啤酒，心怀天下，放眼世界，目空今古，挥斥方遒，纵论天下大事，畅说艺坛秘闻，探讨收藏心得。兴之所至，呼朋唤友，三五知己，酒酣耳热，不知不觉，竟然把酒吧的多箱啤酒全喝光了，三更半夜，再买都买不到。"人生得意须尽欢，莫使金樽空对月，天生我才必有用，千金散尽还复来。"性情中人，大抵如此。

我口口声声"范老师"，他不乐意了："以后得叫我范兄！"从此以后，我就"范兄""范兄"地混叫了，他开心，我自然。范兄拍着胸口到处对人说："我这个妹子的事，就是我的事，你们一定要照顾好她。"

2016年5月，我在北京举办个人藏品展及开讲座，同时组织"融熙北京学游"活动，带领一群珠三角藏友到北京参观学习。我提前拜访了"全国古玩老货联盟"负责人之一的徐瀚平先生。范兄曾介绍过徐老师收藏的耀州窑瓷器全国首屈一指，当我一提到范兄，徐老师立即说："范老师已经打过招呼了，冯妹的事我们一定尽力。"徐老师连忙帮我们学游团联系专家、老师、美食……

范兄不是吹牛，而是真牛！范兄就是有这个能耐。范兄收了我这个妹子，好像广发英雄帖，天下皆知一般了，希望我这个妹子日后也不辱没范兄的英名。

上面说了一通我与范兄的交往故事，其实我跟范兄也时有探讨收藏方面的心得。作为老窑收藏家的范兄，对古瓷研究造诣极深，他的博士毕业论文，不是研究

徐瀚平（右三）、李彦君（左三）等与冯玮瑜在"皇家气象"特展现场合影

当代艺术，而是古陶瓷。画家的博士毕业论文，不谈画事而去研究古陶瓷？真稀奇，也真牛啊！奇人异士，独立独行。"嗟乎，燕雀安知鸿鹄之志哉！"小女子对范兄敬佩不已。对这件元青花玉壶春瓶，范兄提醒我说："元青花有玉溪窑和景德镇窑，玉溪窑是民窑，釉色偏黄，与景德镇窑相比，价钱有天壤之别，你要核对一下。"

玉溪窑是明代景德镇窑以外生产青花瓷的重要窑场，在现今云南省玉溪地区。过去认为玉溪窑为元、明间瓷窑，现根据田野考古发现判明其发源于宋末元初，至清代仍有烧制瓷器，约有 600 年历史，均烧青釉和青花

瓷器。已故学者冯先铭先生，将江西景德镇、云南玉溪和浙江江山称为中国青花瓷器的三大产地。

玮瑜说瓷
Tales from Chinese Collections

从理论上讲，瓷器的胎土是指制作瓷器的黏土原料。瓷用黏土主要使用高岭土，它在全国各地均有分布，但土色、品质差距很大，烧成效果也不相同。因而人们可以通过观察胎土鉴定瓷器的产地、窑口和年代。

玉溪窑胎土疏松，与景德镇胎土不一样，其青花色泽暗淡、发灰，釉面呈乳浊状。玉溪窑与景德镇窑的差别极大，不难辨别，当然与我这件元青花玉壶春瓶不是一回事了。

我也为此瓶的窑口问题请教黄少棠老师。黄老师回复说："关于元青花玉壶春窑口一事，我已经再研究过。最近的学术研究讨论，除了景德镇外是可能有别的小窑口，说是福建和浙江的。我曾经见过很多元青花民窑和在印尼或东南亚出土的外销元青花器物，那些都是较粗糙的，跟你的元青花龙纹玉壶春瓶完全不一样。你的瓶子画的是龙纹，瓶子的造型、胎土都是景德镇窑系。关于元青花的观点，我从来都认为只有粗糙和精品的分别，只要买精品应该都没有问题。"

学术探讨，甚为有趣。认真对比他们的说法，其实说的是同一回事，只是从不同的角度看问题。

2016 年 6 月 26 日，我在景德镇碰到了文玮先生。文玮先生问我："你那件元青花龙纹瓶，还找到其他著录没有？"

"已经有一个伦敦苏富比的记录。"

文玮微微一笑："我帮你找到了另一个记录，2005 年佳士得香港曾经上拍过。"文玮边说边递了佳士得图录过来，翻开那一页，赫然就是这件元青花龙纹瓶。我认认真真地观看图录照片。文玮笑着说："我已经帮你仔细对过了，是同一器物。器物的某些特点是独有的，例如某个地方有片纹或黑疵点。错不了！"

| 佳士得图录

"对，确是同一件。"

"这本图录就送你吧，初次认识的见面礼。"

非常感谢文玮先生，但我又有些好奇："你怎么知道佳士得这件元青花就是我那件？"

"有空多翻旧拍卖图录，就记得了。"

真是有心人，比我这个藏者还要细心呐。

终于入藏一件元青花，不用再心常戚戚，也算是了却一个心愿，心情大好：晴空一鹤排云上，便引诗情到碧霄。

建立目标，关注市场，等待机会，果断出手

我一直认为：通过收藏进行资产配置是一种理财方式，理财成功的关键是持有时间长短和藏品配置。

经济有周期，货币有松紧，股市有涨跌，艺术品市场当然也有潮起潮落，但总体趋势向上，长期收益非常可观，已有很多成功的例子可以证明。

但艺术品投资有其自身的特点，就是变现慢。它不像股市，按几下键盘，资金就回到账户。所以，艺术品投资是你在股市、楼市之后资产配置的一个方面，而不是全部。当然，高手不在此列，我亲见有些高手快进快出，也做得很成功。

元青花是20世纪50年代才让人们认知的品种，它蒙尘了数百年，直到2005年"鬼谷子下山大罐"拍出2.45亿元（含佣金）后才大热。元青花价值的被发现，不是横空出世的，而是有个价格逐渐走高的过程。日本著名古董商坂本五郎在《一声千两》中提到，在1972年竞拍"元青花釉里红大罐"时，已准备卖掉店里的所有古董，甚至卖掉店铺，付出一生辛勤所得的决心参加竞拍，最终以1.8亿日元的价格竞得。1.8亿日元一件国宝级的元青花大罐，现在看来简直就是捡了个大便宜。

由此可知，建立目标，关注市场，敢于出手，对于投资是何等重要。如果 20 年前国内刚有艺术品拍卖时就收入一件元青花，那时候赝品少，也不需要"鬼谷子下山""青花釉里红大罐"这样的国宝级名品，就是寻常的，到现在的回报也是非常可观。

元青花瓷是在特殊的历史条件下诞生和发展起来的外销瓷，销往阿拉伯国家与东南亚一带，多为大器，造型丰满。大器多为几段拼接而成，从内部常可看见接口，但外部较光洁。中小型的国内有出土。元青花瓷以其高大颇有气势的器型、深沉浓艳的青花发色、繁缛有序且令人赏心悦目的纹样以及精湛的工艺，赢得世人的青睐。

元青花瓷按年代分延祐期和至正期。釉料也分国产青料和进口苏麻离青料。国产料青花呈蓝灰色，积釉处褐色；苏麻离青料呈色鲜蓝，有黑色锈斑，艳丽浓郁。

现在元青花赝品较多，如果缺乏流传记录，或没有可靠出处的，建议还是多看少动为宜，除非你已炼成火眼金睛。

第 3 章

桃花泛绿

一件
清康熙豇豆红釉镗锣洗
入藏记

藏品：豇豆红釉镗锣洗
年代：清康熙
款识：六字三行青花楷书款"大清康熙
　　　年制"
尺寸：直径11.6厘米
来源：布罗迪伉俪（Brodie Lodge）旧藏
　　　1968年12月10日于伦敦苏富比
　　　编号127号
　　　1982年5月19日于香港苏富比
　　　编号264号
　　　2010年9月17日于佳士得纽约
　　　编号1403号
　　　2013年11月27日佳士得香港
　　　编号3488号

展览：1948年10月在伦敦东方陶瓷学会举
　　　办的"明清单色釉"（Monochrome
　　　Porcelain of the Ming and Manchu
　　　Dynasties）展览　编号77

　　　1979年在英国牛津大学阿斯麻林博物
　　　馆（Ashmolean Museum）举办的
　　　"中国学者的案头"（The Chinese
　　　Scholar's Desk）展览　编号24

2013年11月，著名收藏家冯玮瑜收藏

　　此洗敛口，矮扁腹，浅圈足，造型小巧玲珑，线条流畅，胎体致密细白。内
壁、底部施白釉，略泛淡青色；外施豇豆红釉，娇艳粉嫩，豇豆红、粉红、深红互
相交错点染，变幻莫测，桃红中又泛有点点绿苔，釉色丰富绚丽，匀和晶莹通透。
外底心书有青花"大清康熙年制"六字三行楷书款，字体俊秀，布局疏朗。

"绿如春水初生日，红似朝霞欲上时"，多美的诗句，闭着眼睛想象一下就能让小女子陶醉在诗情画意里。

这不是小女子吟风弄月，这是清代诗人洪北江专门为一种瓷器釉色吟咏的句子。诗句美，釉色更美！世间也只有那一种釉色，可谓当之无愧，那就是——豇豆红。

（一）

中国瓷器发展到清代的康雍乾时期（即人们日常常说的"清三代"），又步入了另一个高峰。在郎廷极、唐英的督陶下，清三代瓷器不仅复古，也在创新，豇豆红就是在康熙晚期创新烧造出来的新品种。

豇豆红本是铜红高温釉中的一种，因其釉质匀净细腻，含有粉质，色调淡雅宜人，以不均匀的粉红色、造型轻灵秀美而得名。又因其浅红娇艳之色，似小孩的红脸蛋，或如三月粉红桃花，又如美女微醉之红颊，故又被人称为"娃娃脸""桃花片""美人醉"等，这些名字形象而传神，令人遐想，美到极致。

《景德镇陶瓷》1974 年第 1 期，有一篇《釉里红与桃花片》有这样的介绍："淡者称粉红，粉红中略带灰色的叫豇豆红；灰面又暗的叫乳鼠皮，最艳丽的称美人醉；在粉红之中有绿点的称为胎点绿；绿点成片的又叫做苹果绿；色淡一点的叫苹果青；粉红色稍有积红块的叫孩儿脸。"

在明清两代的红釉瓷器中，明代永乐、宣德朝的"宝石红"，清代康熙朝的"郎窑红""豇豆红"，釉色鲜艳，独树一帜，备受人们推崇。"豇豆红"比"郎窑红"更为名贵稀少。

虽然同为铜红色釉，由于在烧制时氧化还原颜料的程度不同，因而呈现出不同的色彩。所以，豇豆红还有许多不同的叫法：通体一色、洁净无瑕的为最上品，叫"大红袍"；稍次者，有绿斑点点，颜色深红，宛如贵妃醉酒的，叫"美人醉"；再次者，颜色稍浅，呈粉色者，宛若瓣瓣桃花的，叫"桃花片"；再下者，颜色浅而浑浊不通透的，叫"榆树皮"或"乳鼠皮"；最下者，颜色灰黑不均，出现黑釉掺杂的，叫"驴肝"或者"马肺"。听名字就能辨别出瓷器的贵贱程度。

豇豆红烧造难度于铜红釉中最高，铜红显色已是不易，要控制到这般色度就更难了。在烧制过程中，首先用还原焰烧成红色釉，再放入稀薄的空气，使釉层表面的铜氧化；氧化的铜呈现绿色，使得釉面红中泛着绿色斑点，红绿相映，恰如诗中所描述的"绿如青水初生日，红似朝霞欲上时"。

豇豆红颜色出处，源于豇豆的本来色彩。所谓豇豆红，是指一种介于浓淡之间的浅红色釉色而言。它素雅清淡、柔和悦目，类似豇豆的颜色而得此名。豇豆红釉烧造难度很大，专供宫廷御用，因此极为珍稀。

| 清康熙豇豆红釉镗锣洗

由于烧造难度极大，因此豇豆红没有大件器，均为康熙朝的御用之物，十分名贵。康熙豇豆红器以文房用具为主，常为一套八件，俗称"八大码"。传世品以菊瓣瓶、柳叶瓶、螭龙瓶、莱菔尊、太白尊、苹果尊、镗锣洗、印泥盒、水盂等文房用具为主。器身最高不超过 20 厘米，造型轻灵秀美，有的还暗刻蟠螭纹或团螭纹作为装饰。器物底部施透明釉，有"大清康熙年制"青花六字楷书款。

历代皇帝御制官窑器中，釉色唯豇豆红者每件品相悬殊，无一雷同，皆因釉色对窑炉气温极为敏感多变，工匠不能把握控制所致。

豇豆红釉色里的"大红袍"固然很好，小女子却特别喜欢豇豆红里较浅那种，近似三月桃花红的那种釉色。

自幼学过陶渊明的《桃花源记》："……缘溪行，忘路之远近。忽逢桃花林，夹岸数百步，中无杂树，芳草鲜美，落英缤纷……"闭着眼睛遐想：一片桃花盛开，芳华灼灼，微风轻拂，落英缤纷，桃花流水窅然去，

器型小巧、釉色可爱的豇豆红镗锣洗

别有天地非人间……小女子特别向往。一个单色釉瓷器的爱好者，一个纤纤女子，对这种诱人的三月桃红色，怎会不心动呢？但心动归心动，豇豆红瓷器的价格，却是没得好商量的，一句话：不便宜。越是釉色漂亮，越是价格昂贵。

价高也得要！小女子发了心愿：非得收个回来赏玩不可。

小女子虽然头发长、见识不高，也不至于要蛮干。釉色精美、器型完整、流传有序，这是小女子坚定不移的三项基本原则。

豇豆红是一代名品，仿品自然也多，晚清、民国，以至现代，都有高仿无数。所以购藏豇豆红器，要擦亮眼睛，最好是大藏家释出的，流传有序，以免打眼。更重要一点，还要合眼缘的。

这些年，拍卖场不时见到的豇豆红瓷器，以太白尊、印盒较为多见。可惜总是没碰上合眼缘的，缘分的东西，可遇而不可求。

（二）

2013 年 11 月 27 日佳士得香港秋拍，一件编号为 3488 的豇豆红镗锣洗终于出现了。该洗器型小巧，釉色极为可爱。更为特别的是，一器之内，豇豆红、桃花红、乳鼠皮、绿苔点，诸色具备，晶莹匀和，真是人见人爱，花见花开。

通体一色的"大红袍"固然难得，而一器之内诸色具备同样是罕见。据佳士得介绍，这件镗锣洗是有显赫来历的：

Brodie Lodge 旧藏；

1968 年 12 月 10 日于伦敦苏富比，编号 127；

1982 年 5 月 19 日于香港苏富比，编号 264；

2010 年 9 月 17 日于佳士得纽约，编号 1403。

它还参加过以下展览：

1948 年 10 月在伦敦东方陶瓷学会举办的"明清单色釉"
（Monochrome Porcelain of the Ming and Manchu Dynasties）展览，编
号 77；

1979 年在英国牛津大学阿斯麻林博物馆举办的"中国学者的案
头"（The Chinese Scholar's Desk）展览，编号 24。

伦敦东方陶瓷学会是全球瓷器收藏界影响力很大的团体，成员以欧
美重要藏家和鉴赏家为主。该学会经常举办展览和学术讨论，对中国古
陶瓷研究之深令人惊叹，在陶瓷收藏领域具有权威性。这件镗锣洗 1948
年就已经在该学会展览了，那时新中国还没建立，再过几十年，小女子
才来到人间。

半个多世纪以来一连串的展览和拍卖记录，这件镗锣洗的真赝就不
必去考究了，那么品相是否符合自己的要求呢？经我自己上手过，也查
过佳士得的《品相报告》得知，该器没有修补过。

这件镗锣洗的釉色非常丰富，外施豇豆红釉，娇艳粉嫩，变幻莫测。

既有宛如豇豆之红色，又在匀净的粉红色之中渐变深红色，还有在桃红色中又泛有点点绿斑，釉色极为丰富绚丽，匀和晶莹透亮。正所谓"满身苔点，泛于桃花春浪间"，可爱极了，真让人一见倾心。

——就是它了！苦等几年，与豇豆红的缘分到了。

记得以往看过香港才女林燕妮写的一篇评论《神雕侠女》的文章，题目是"一见杨过误终身"。陆无双、程英、绿萼、郭襄，个个都是人间至善美好绝伦的女子，却都孤独终老。千万个琼瑶的千万句山盟海誓生离死别，不及金庸笔下这几个美女的守身如玉、思念终身的一片痴情让人感动。"问世间，情为何物，直教人生死相许。"

唉，每每掩卷叹息：遇上一个很有魅力、令自己魂牵梦萦的人，是毕生的安慰。然而，得不到他，却是毕生的遗憾，除却巫山不是云，没有人比他更好，可是，他却永远不能属于自己，那唯有拥着他的记忆过一生了！郭襄就是这样，风陵渡口初相遇，一见杨过误终身。16 岁这一年，郭襄走完了爱的一生，以后的岁月，全部用来回忆。

小女子一见到这件豇豆红的釉色，犹如"一见杨过"似的，心旌荡漾，魂牵梦萦。我可不能"误终身"啊！

小女子发了狠心：一见"杨过"不放过。

结果是拿下来了，当然是经过血拼的。几年等待的寂寥，一朝得偿所愿，那几天走起路来都飘飘然的。

有名器相伴，以后的岁月，无须在遗憾中回忆了。提货的时候，佳士得的曾志芬、陈良玲二人一起出来接待我。在检验器物时，曾总拿起这件镗锣洗，一边看一边赞叹："发色真好啊！"在一旁的陈良玲也说：

"好可爱呀，这件东西买的真好，真值得好好收藏，来源又那么好。"

融熙文化大讲堂现场合影，
从左到右依次为石金柱、冯玮瑜、罗茹瀚、
曾志芬、唐晞殷等人

小女子与曾志芬也相识多年了。记得有一年，我在广州举办"融熙文化大讲堂"，专请曾志芬带领佳士得香港专家团队到广州作讲座嘉宾。这也是佳士得进驻亚洲多年来，第一次在中国内地举办讲座活动。

佳士得对合作方背景（也就是对我以及我的公司）进行了深入的调查，确认我是可信赖的合作方，而且没有利用佳士得品牌从事商业目的的活动，活动本身没有让佳士得品牌受损等诸多情形下，才同意与我合作共同举办活动。这个背景调查过程，让我深刻地感受到佳士得对合作方、对活动细节的要求近乎苛刻的地步。成功非侥幸，一个成功存续250年的企业对工作就是这样严谨的。曾志芬1992年进

佳士得香港高级副总裁曾志芬（右）
与冯玮瑜合影

满身苔点，泛于桃花春浪间

入佳士得工作，一步步成长起来，现为佳士得香港高级副总裁、中国瓷器及艺术品部主管，过眼的古董器物不知凡几。

她的眼光自是非同寻常，她的语言风格也是严谨的。

陈良玲热情周到，每当我看预展碰见她，她都笑脸相迎热心帮忙。

| 陈良玲（左）与冯玮瑜合影

（三）

豇豆红由它诞生的那刻起，就被皇家及文人墨客所追捧，更是历代收藏大家珍之又珍的品种。

此洗敛口，矮扁腹，浅圈足，造型小巧玲珑，线条流畅，胎体致密细白。内壁、底部施白釉，略泛淡青色；外施豇豆红釉，娇艳粉嫩，豇豆红、粉红、深红互相交错点染，变幻莫测，还有在桃红中又泛有点点绿苔，釉色丰富绚丽，匀和晶莹通透。外底心书有青花"大清康熙年制"六字三行楷书款，字体俊秀，布局疏朗。

这件镗锣洗小巧怡人，恬淡文静，神韵独到，桃花春浪，颇有意趣，一点也不负"绿如春水初生日，红似朝霞欲上时"的评价。拿在手上赏玩，令人寻味不已，真为文房清玩隽品也。

豇豆红本是一种浓淡相间的浅红色，宛若桃花般艳丽，红釉中多带有

| 豇豆红釉镗锣洗三行青花楷书款 "大清康熙年制"

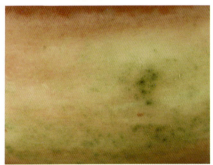

"绿如春水初生日，红似朝霞欲上时"

绿色的苔点。这种绿色苔点本是烧成技术上的缺陷，但在浑然一体的淡红中，掺杂点点绿苔斑，反而显得幽雅清淡，柔和悦目，给人美感，引人遐思。

清代《南窑笔记》记载：豇豆红乃是以细竹管蒙细纱布蘸釉汁吹上器物坯体，须吹十数层，而每层极薄，工艺极其细致精巧，由于吹釉的层次不同，在烧成后釉面必会出现水渍般的痕迹；高温铜红釉是化学性质最活泼敏感的，它在氧化焰中呈绿色，在还原焰中呈红色，故掌握窑温与气氛也特别复杂困难，致使这种釉色能在红绿之间形成微妙的变化；更由于釉料中含有微量的铜，在烧成过程中氧化而产生绿色的斑点，犹如苔点，在浑然一体的红釉中掺杂星点绿斑，相映生辉，有如红霞满布之中点缀了星星点点的绿色宝石，令文人雅士和收藏家们赏玩时产生无限的浪漫遐想。

《饮流斋说瓷》评述："豇豆红之所以可贵者，莹润无比，居若鲜若黯之间，妙在难以形容也。"此评语最合我心。豇豆红兼容绚烂与含蓄之美，把生命的律动和艺术的创造结合得如此完美和谐，还原了生命和自然的纯色，幽致隽永，变幻莫测，真的是"妙在难以形容也"。

2016 年 6 月，景德镇陶瓷大学教授、博士、硕士生导师、中国陶瓷文化研究所陶瓷与考古研究中心主任曹建文来广州，专门到我家观赏小女子所藏的瓷器。"有朋自远方来，不亦乐乎。"景德镇陶瓷大学是国内陶瓷类别里等级最高的学府，而曹教授又是卓有建树的学者，是该校的古陶瓷研究的学术带头人。他对明清御窑有很深入的研究，著有多部学术著作。对于这件豇豆红镗锣洗，曹教授赞不绝口，边上手看边在感叹："当年好东西都上贡进京了，留在景德镇的都是未达标准的淘汰品，而且

| 景德镇陶瓷大学曹建文教授（右）与冯玮瑜共赏藏品

还被特意砸烂，不留下完整器，只剩碎瓷片。这件豇豆红多好啊！胎土非常细密，釉色更是漂亮得不得了，晶莹可爱。能在你这里看到这么好的豇豆红器，大饱眼福啊。"

曹教授是过奖了，小女子也只是"欣于所遇，暂得于己"而已。不过，这件豇豆红确是小女子所见发色非常好的整器之一。由于豇豆红烧制受条件所限，仅见于康熙一朝，所烧之器皆为宫廷御用之物，传世非常有限。康熙朝以后，豇豆红釉烧制技艺失传，使这一品种更加弥足珍贵。19 世纪时，欧洲人称豇豆红为桃花红（Peachbloom）。在 19 世纪中后期，美国人、英国人对豇豆红器物非常喜爱，常不惜巨资购买，致使 20 世纪早年豇豆红瓷器大量流散海外，如美国纽约大都会艺术博物馆就收藏有七八十件豇豆红瓷器，比国内各博物馆收藏品的总和还多。

这件镗锣洗流传有序，在 20 世纪初已在伦敦东方陶瓷学会展览，留有记录，而每一次递藏，都在苏富比、佳士得留下成交记录。由有流传记录起计，它飘零在异国番邦已有 70 多年。虽因天生丽质而得精心照顾，宛若新光，但离乡别井 70 多年了，举目之间，尽是黄发碧眼的洋人，与中土故人殊异，想美人，妆楼颙望，念故乡渺邈，归思难收。"杨柳枝，芳菲节，可恨年年赠离别。"一叶随风，身不由己，叹昔年踪迹，何事苦淹留？这回机缘巧合，得小女子纤纤素手，携它回归中土故里，仿似文姬归汉，它想必是千依万愿的。"此夜曲中闻折柳，何人不起故园情？"

豇豆红又称"美人醉"。"解貂换美酒，半与美人醉。留半伴山翁，深夜谈世事。"（宋张植《小绝句》）有美人陪伴共此一醉，是人生一大乐事；有"美人醉"陪伴赏心悦目，也是人生一大乐事。前者娱情，后者悦心，舞低杨柳楼心月，歌尽桃花扇底风。

"美人醉"，醉美人。

它伴我，我伴它。

一抹桃红，名花相映，它醉，我也醉。

醉里挑灯看美人，梦回红烛昏罗帐。

永夜未央。

流传有序是艺术品收藏的信心保证

投资会面对很多风险，例如股市会有个股出现业绩大变身的亏损或重组，虚虚实实让人看得眼花缭乱，难识"庐山真面目"；楼市也有种种诈骗案，甚至不良发展商卷款跑路；艺术品市场则是赝品猖獗。

有欲望，就有江湖；有江湖，就会鱼龙混杂。

这是我们理财时候遭遇的风险，每个人都会根据自身的风险偏好进行投资理财。

那么，在艺术品行业投资如何规避风险呢？

一件艺术品，如果它的流传过程是非常清晰的，每一个藏家之间的递藏记录是能查证的，那么我们就可以知道这件艺术品的流转过程，赝品的可能性就大大地降低，入藏这件艺术品时有了重要保证。

出版注录也是一个保证，特别是艺术家本人审定的出版物，应该是比较可靠的。古董、古画类的艺术品，因为当时的工匠或画家早已不在人世，不可能由本人审定，如果早期已有注录的，则越早越接近真实。例如在宋徽宗的《宣和画谱》已有注录的名画一直流传下来，现在出现在市场，那价格就不得了。像明成化斗彩鸡缸杯，早在明代万历《神宗实录》中就有记载"神宗时尚食，御前有成化彩鸡缸杯一双，值钱十万"，所以才会拍出

2.8亿港元的高价。

　　展览记录也是一个重要的参考因素，因为一般做展览，都会挑选精品，如果一件艺术品有过多次展览记录，就可以推定该件艺术品最起码是重要作品。

　　我收藏的康熙豇豆红釉镗锣洗，本身就是康熙时期的一代名品，而且它还有多次的展览、出版记录。它早在1948年10月就在伦敦东方陶瓷学会举办的展览中展出过，并有展览著录。东方陶瓷学会在当时，乃至现在，都是研究中国古陶瓷的顶级学会。此外，这件康熙豇豆红釉镗锣洗1968年已经在伦敦苏富比有拍卖记录，后来又在苏富比、佳士得多次上拍。这样的名品当然是可遇而不可求。

　　收藏理财这种方式，给你打开了一扇大门，让你从一个全新的角度来思考投资与收藏。

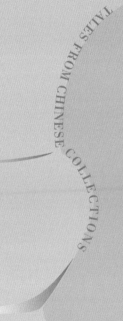

第 4 章

雨过天青

一件
清雍正仿汝釉尊
入藏记

藏品：仿汝釉尊
年代：清雍正
款识："大清雍正年制"六字三行篆书款
尺寸：口径 14.5厘米

来源：佳士得标签
中国嘉德（香港）2014年4月9日
编号740

2014年4月，著名收藏家冯玮瑜收藏

　　该尊阔口外撇，束颈，溜肩弧腹，下承高圈足，修足细腻，胎体匀称一致，不
显厚重。通体内外均施仿汝釉，足底露胎处涂刷深褐色护胎釉，外底心青花书"大
清雍正年制"六字三行篆书款。

宋瓷是中国瓷器史上的一座高峰，宋瓷的"五大名窑"更是名闻遐迩。"五大名窑"是指曾为宫廷烧造瓷器并见诸于宋人文献记载的五大窑口，分别是"汝、哥、官、定、钧"。

可以这样说：知道中国陶瓷的人不可能不知道宋瓷，知道宋瓷的人不可能不知道汝窑。五大名窑，"汝窑为魁"，这句话是南宋人叶寘说的。

一个饱读诗书的文明民族被一个马背骑射、茹毛饮血的"野蛮"民族揍得国破家亡，只得渡江而另建家园，南宋人对金人充满了"靖康耻，犹未雪，臣子恨，何时灭"的悲愤情怀，并有对北宋"中州盛日，闺门多暇，记得偏重三五"的故国之思与怀念。南宋"袭故京遗制"移地临安（今杭州市）恢复官窑生产了，而汝窑却从世间消失，终不复见。

（一）

汝瓷造型秀丽，做工考究，选料精心，多采用满釉"裹足支烧"，使釉色尽可能地覆盖胎体。胎呈香灰色，胎体较薄，外底多留有支钉痕，绝大多数器物都光素无纹饰，釉色以天青为主，柔和匀净，釉面一般有细碎开

玮瑜说瓷
Tales from Chinese Collections

开片，瓷器釉面的一种自然开裂现象。由于物质热胀冷缩，而瓷胎与瓷釉膨胀系数不同，所以在瓷器烧成开窑后的冷却过程中，冷缩程度的差异会导致瓷器表面的釉层被拉开轻微的裂痕，使釉面呈现片纹现象。如果胎体自身完好，并且胎釉结合紧密，釉层即便开片，也不会剥落或起翘，更不会影响瓷器的使用。

片纹（所谓开片，是指瓷釉的裂纹，是因胎、釉的不同收缩率而在煅烧后的自然冷却降温过程中形成的）。开片原是烧造的缺陷，但其纹理有一种非人为的自然美感。汝瓷"雨过天青，寥若晨星"，温润古朴，如同美玉。

传世汝窑瓷器，不采用北宋众多制瓷窑口的刻花、划花、剔花、印花、贴花、彩绘等技法来装饰自身，而纯以釉质、釉色取胜。其釉色呈淡淡的天青色，浓淡适度，朴素无华，显得清淡、含蓄、内敛。这与中国文化的审美观不谋而合，符合文人士大夫含蓄素雅、极端至简才是至美的意趣，也赢得崇尚道教的宋徽宗的青睐，才有宋皇室"弃定用汝"之举。

"雨过天青云破处，者般颜色作将来。"这句并不是诗词，而是御批。世人皆以为这是宋徽宗对制作汝瓷的要求，实际上这两句话是五代时期后周皇帝柴荣（柴世宗）对烧造柴窑的御批要求。

如今知道柴荣的人不多，他在历史上可是赫赫有名。柴荣 15 岁从军上战场，身经百战，24 岁拜将，33 岁称帝，每次征战无不身先士卒，战斗在第一线。可惜史称"五代第一明君"、大有作为的周世宗柴荣，在第五次亲征北伐契丹时，在围攻幽州、眼看就要收复燕云十六州，随后统一中国的关键时刻，天不假年，年仅 38 岁的他因长年征战疆场，事必躬亲而积劳成疾致英年早逝，真让人仰天长叹啊！更可悲的是：连辛辛苦苦拼尽性命才打下的大好江山，竟被他最为信任的兄弟、部下——殿前都点检赵匡胤（即宋太祖）发动"陈桥兵变"，黄袍加身，"夺天下于孤儿寡母之手"，建立大宋皇朝。

赵匡胤 23 岁时结识 29 岁的柴荣。那时赵匡胤来投靠后周从军，刚好 10 年之后，赵匡胤也是在 33 岁时取代柴荣的后周称帝，历史真是让人唏嘘不已。

仅烧不到 6 年的柴窑，便随大宋皇朝的建立而消失在历史的长河里，号称"诸窑之冠"的柴窑从此成为传说。

但也不仅仅是传说。记得有一次在故宫博物院，故宫研究院陶瓷研究所所长吕成龙老师，向我展示一块指甲大小的瓷片，说那可能是柴窑瓷片，因为完全符合"青如天、明如镜、薄如纸、声如磬，滋润细媚有细纹"的特征。那一片瓷片我在手里把玩良久。

据历史记载，明代权臣首辅严嵩父子倾全国之力，也仅得柴窑碎片数枚而已。明代著名书画家文征明的曾孙、大文人文震亨在《长物志》中写道："柴窑最贵，世不一见。"后人因柴窑只闻其名，不见传世品，也未发现窑址，就逐渐把"雨过天青云破处"附会到汝瓷上了。过往的五大名窑"柴、汝、官、哥、定"也就慢慢变成了"汝、官、哥、定、钧"了，"雨过天青"的标签就由柴窑贴到汝窑身上了。不过汝瓷釉色空灵静谧，深邃清澈，确实无负"雨过天青"的美名。

汝窑在历史上烧造时间也甚短。北京故宫博物院著名古陶瓷专家陈万里先生认为，汝窑生产为宫廷烧造的时间约是，北宋末的哲宗元祐元年（公元 1086 年）至徽宗的崇宁五年（公元 1106 年）的二十年间，故传世真品

极为少见。据故宫博物院 2015 年 9 月出版的《汝瓷雅集·故宫博物院珍藏及出土汝窑瓷器荟萃》统计，在世界范围内有序可循的共 79 件，分别藏于北京故宫博物院 20 件、台北故宫博物院 21 件、上海博物馆 9 件、英国伦敦大维德基金会 12 件、英国伦敦大英博物馆 5 件、天津博物馆 1 件以及国内外其他公私博物馆或私人手上零星收藏。

汝窑是继古代越窑之后青瓷烧造的又一个巅峰时期。北宋汝窑瓷器是供皇家使用的"国器"，"靖康之难"导致宋室南迁之时，窑址被人为破坏，不知是金人毁坏还是宋人有"不遗国器与异族"而故意损坏，汝窑从此绝烧，世不再现。

南宋周辉撰《清波杂志》卷五记载："又汝窑宫中禁烧，内有玛瑙为油（釉），唯供御拣退，方许出卖，近尤难得。"南宋距离北宋时间很近，连南宋人都发出"近尤难得"的感叹。可见汝窑瓷器在南宋已为罕见的珍品，而今距离南宋已近千年，就更为难得了。

2012 年 4 月 4 日，香港苏富比春季拍卖会的"重要中国瓷器及工艺品拍卖"专场上，一件北宋汝窑天青釉葵花洗拔得头筹，由估价 6000 万至 8000 万港元，经激烈竞争，最后成交价高达 2.786 亿港元，创宋代瓷器的世界拍卖纪录。

汝窑瓷器，对每一个瓷器收藏者来说，都是一个遥不可及的梦想。

传世的汝窑瓷器已是遥不可及，可见而不可得，明清的仿汝窑瓷器倒是来者可追。

（二）

2014 年 4 月 9 日，中国嘉德（香港）春季拍卖会又开幕了，"观古——瓷器珍玩工艺品"专场多件瓷器拍品济济一堂，而编号 740 是一件清雍正仿汝釉尊，它以独特的风韵吸引了我。

吸引我的首先是它的器型：这件器物的器型，介乎"尊"和"渣斗"之间，到底是属于"尊"还是"渣斗"？

我初认为是渣斗，因为从整体器型来说，这种器型应该属于"渣斗"类。

中国嘉德（香港）陶瓷部负责人王晶（左）
与冯玮瑜合影

而中国嘉德（香港）陶瓷部的王晶老总认为是"尊"。王总分析道："如果是渣斗，那么它应该是鼓腹下收矮圈足，这样整个器物就不高，方便吃饭时放在餐桌上，盛装吐出的骨头鱼刺，具有实用功能；而本器是高圈足，与渣斗明显不同，放在餐桌上也明显显高，不方便作渣斗使用。从制式来说，它应是'尊'，是陈设器。"

渣斗是实用器，档次就比陈设器的"尊"要低了很多。

渣斗，又名唾壶，起源于晋代，用于盛装唾吐物。如置于餐桌，专用于盛载肉骨鱼刺等食物渣滓，小型者亦用于盛载茶渣，故也列于茶具之中。

渣斗在晋代开始使用，瓷质的较常见，比如青瓷渣斗。宋代许多窑场都烧制渣斗，北宋越窑、耀州窑、南宋官窑等出品都很著名。明、清时景德镇窑也有制作，数量较多，有多种色釉和彩绘装饰。

人们一般认为渣斗就是痰盂，其实不然。宋代时，宴席桌上摆渣斗。渣斗口大、沿宽，便于放骨刺，形状上与痰盂稍有区别。

元人笔记载："宋季大族设席，几案间必用筯瓶、渣斗。"

明清两代，渣斗也被放置于床边和几案上，以备存纳微小废弃之物，用途有所拓宽，材质也日渐多样。有银器或漆器，堪与名窑瓷器媲美。

渣斗并不因是实用器而身价低微，例如宋代钧窑烧造的渣斗和花盆，中外驰名，是罕见的珍宝。民国初年在琉璃厂古玩铺，也见不到宋钧窑渣斗，必须到故宫古物陈列所才见得到。

渣斗一般是喇叭口，宽沿，深腹，形如尊。

什么是"尊"？尊本是商周时代的一种大中型盛酒器，用青铜铸造。尊的形制为圈足，圆腹或方腹，长颈，敞口，口径较大。尊盛行于商代至西周时期，春秋后期已经少见。后世以青铜器为范本，以瓷土来仿其器型烧造。

尊和瓶的区别：从形制而言，尊与瓶有许多相似之处。民间区分尊与瓶是通过视其口与足的比例来判定的，口大足小称为尊，口小足大则称为瓶。

事实上并不尽然，如清代康熙时的太白尊、莱菔尊、石榴尊，就与一般意义上的瓶并无区别。只不过器型比较特殊，有约定俗成的称谓而已。

民国初年许之衡《饮流斋说瓷》曰："腹口相若者谓之尊，口小腹大者谓之瓶。"瓶是口小于腹，尊是腹与口近似，瓶一般较高，尊一般较低。但有些瓶、尊的形制很相似，故有"瓶尊诨名"之说。瓶与尊也常常被人们混为一谈，任意相呼。

王总认为这件仿汝窑器是尊，嘉德图录也是这样说明的。小女子觉得嘉德王总的意见不无道理，也就从善如流，称之为"尊"吧。

吸引我的还有它的釉色：宋瓷最美之处就在它的釉色。这件仿汝釉尊最美之处就是那碧青如洗的釉色。

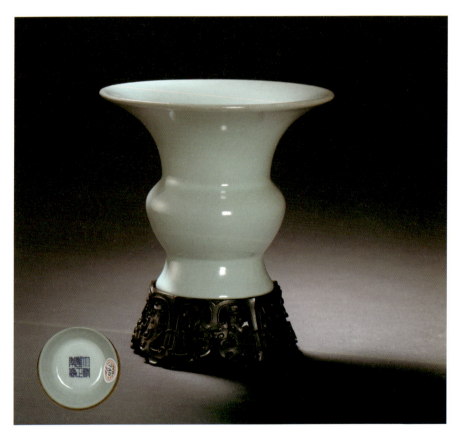

| 雍正仿汝釉尊"尊座相配"

这件仿汝釉尊配着一个原装木座，雕刻成饕餮纹状，尊座相配，古拙迷人，真是绝配。此尊摆放在展柜的显眼处，放眼望去，展柜里并肩陈设各种瓷器，青花的、粉彩的多种釉色，琳琅满目。而这件单色釉器犹如一位天生丽质的绝色美女，素脸朝天，反倒尽显风姿绰约，风韵迷人。桃李不言，下自成蹊，不比不知道，一比就高下立见。五彩缤纷，虽然艳丽，但易于流俗；而一道釉色，看似简单，境界不同，大音希声，大象无形。那种雅致风韵，如此迷人。

王总大力向我推荐此器，并说来源是一个老藏家。器物也进入过佳士得的仓库，尊体及配座都有佳士得的老标签，不知是何种原因，没有查到拍卖记录，有可能入库后没上拍。早些年佳士得很牛，当时大陆收藏还没起来。那时货多，货主是求他们帮出货，而不是现在他们发愁去哪找货，也许入库后有什么原因，就没上拍。嘉德这次向这位老藏家征集了二件，一件是康熙豇豆红釉太白尊，已经在嘉德四季拍卖会上拍了（这件正好也是被我竞得了），另外就是这件，两件是同一个出处。

王总介绍，这是老藏家多年前的藏品，现在年纪大了，后代不喜欢，就放手了。由于是多年前入藏的，当时价格低，对现在市场价不敏感，所以委拍价不高。更主要的是东西好，釉色非常纯净，器型周正，没有瑕疵。中国嘉德（香港）就不舍得拿回内地拍，留在香港上拍了。

我们坐到一边，把这件仿汝釉尊上手慢慢看：

阔口外撇，束颈，溜肩弧腹，下承高圈足，修足细腻，胎体匀称一致，不显厚重。通体内外均施仿汝釉，足底露胎处涂刷深褐色护胎釉，外底心青花书"大清雍正年制"六字三行篆书款。

玮瑜说瓷
Tales from Chinese Collections

上手在收藏领域就是指把器物拿在手上观察、鉴赏。上手时要注意，务必单人独自拿器物，不能两个人同时拿，因为这样容易发生二人配合不一致，导致失手毁坏器物的情况。同时，当一个人上手完毕交给另一人时，不能人手交人手，欣赏完的人必须先将器物放置好，另一人才能拿起上手。

这件仿汝釉尊线条优美流畅，隽秀娴雅，应属雍正官窑上品佳器。制瓷工匠深谙釉色与造型之搭配，针对不同器型配以相应釉色。此等清雅古拙之器与饱含内蕴的汝釉相搭配，犹如天作之合，浑然天成，那么柔美、淡雅、静谧，如一清幽美人，婀娜玉立，暗香萦绕，令人心神系之，"欲把西湖比西子，淡妆浓抹总相宜"。

在预展的几天里，我在不同的时间几次上手这件仿汝釉尊。因为有些东西初看惊为天人，再看不过如此，三看掉头就走。我对拍场上感兴趣的器物，每次举牌前多会在不同时间上手几次，为的是验证每次的感觉是否还是当初那么美好，是否有受情绪的影响而一时走眼，还可根据查证的资料再核对一次器物，以防"打眼"。而这件仿汝釉尊，每一次看都是那么风华绝代，脱俗出尘，感觉总是只如初见那么美妙。

弱水三千，只取一瓢，就是它了！

拍卖时由 60 万港元开始叫价，直到过了百万港元才落槌，我稳稳当当拿下了。

同一个老藏家同时释出的两件藏品，在内地和香港分别上拍，竟被我无意之中又把它们收藏到一起。它们又聚首了，是冥冥之中的命数？还是真有缘分？真的是器物会找人吗？

我时常把此仿汝釉尊拿出来把玩，特别是夜深人静之时。万籁俱寂，

| 冯玮瑜在书房欣赏仿汝釉尊

轻轻地摆在案头，它那清幽淡雅的气息，弥漫在四周，如慢板行歌，余音袅袅，如倾如诉……夜凉如水，幽深静谧，器雅如汝，人淡如菊，物我两忘，"飘飘何所以"。

在观赏中，它温润古朴，淡雅古拙；在静思中，它宁静素雅，意境深远。此仿汝釉尊，深得两宋王朝偃武重文的政治氛围和淡泊宁静的审美取向的精髓，才能气韵一脉相承。

（三）

2015 年 1 月 26 日下午，我去北京故宫拜访吕成龙老师时，吕老师介绍说："故宫现正在举办'清淡含蓄·故宫博物院汝窑器展'。"他要我一定去看看这个展览，说非常难得，是国内外数家博物馆共同合作才难得几十

冯玮瑜参观"清淡含蓄·故宫博物院汝窑瓷器展"

件汝窑瓷器共聚一堂，其中大英博物馆的借展品不久就要归还，要抓紧时间去参观。我欣然听命，吕老师还亲自带我穿过故宫陶瓷研究所的几个院落，抄近路绕过去。

这场展览，除了展出馆藏的汝窑瓷器和清凉寺村汝窑遗址出土的汝窑瓷器外，还同时展出了27件清宫旧藏的雍乾时期仿汝窑瓷器。清代仿汝窑瓷器肇始于雍正朝，乾隆、嘉庆、道光朝也有仿烧，以雍正、乾隆朝仿得最好。传世的雍正仿汝瓷器修胎规整，釉色匀净，开片细密。由于烧成温度较高，使得釉面透亮、莹澈，与北宋汝窑半透明的乳浊釉质感不同。清朝仿汝窑器一般会在外底署写当朝青花篆体三行六字款识。

故宫汝窑展的展品里，刚好就有一件雍正仿汝窑的"渣斗"同场展览（见2015年9月故宫博物院编《汝瓷雅集·故宫博物院珍藏及出土汝窑瓷器荟萃》第234页、图版107），但我在现场看到的展品实物与书上印刷

清淡含蓄·故宫博物院汝窑瓷器展现场

品的器物颜色有偏差，印刷
釉色偏白，而实物釉色偏青。
据我在展览现场对实物的观
察，该器物与我的藏品釉色
器型近似，但大小、开片不
同。故宫旧藏的口径是 20 厘
米，比我的藏品 14.5 厘米大
了一个号；故宫旧藏开片布
满全身，而我的藏品开片疏
朗，但两器的工艺特征相似。

| "故宫汝窑瓷器特展"雍正仿汝窑渣斗

器物的造型、比例看似
简洁，其实深有学问。越是
简单，越是要求尺寸、比例把握准确，否则差之毫厘，失之千里。这样完
美的器型比例，必是经过反复雕琢、推敲、淬炼，每一个线条、每一个结构、
每一个比例已获取最佳法度，才能在视觉上达到近乎完美的状态。

从款识上看，二者写法近似。种种迹象表明，二器的制造工艺是一致的，
极有可能是同时期制造的。

雍正时期的皇家用器，无论模仿自古代文物的器型，或在釉彩和
纹样上融合新与旧的元素，或利用新材质和新技法重新诠释旧意象，
都不计成本、倾尽人力物力制作。也正是如此，后世普遍认为雍正时期
是清代仿古瓷的全盛时期，《增补古今瓷器源流考》中有记载："雍正时瓷
质极佳，设色亦极精致。"

|《汝瓷雅集·故宫博物院珍藏及出土汝窑瓷器荟萃》

众所周知，雍正朝仿汝釉器物是历史上仿汝釉极其成功的。明代宣德时期，景德镇官窑开始仿制汝瓷，其后断绝，清代雍正朝开始复烧，釉色造型乃至细节的精微，几近乱真。唐英《陶成纪事碑记》中记述"仿铜骨鱼子纹汝釉，仿内发宋器色泽"，雍正一朝仿汝釉器物之釉色，已渐追宋器。

这件仿汝釉尊，凝结了古人的匠心和生活意趣，体现雍正极具艺术素养的帝皇品位。其烧制时，工匠必须有高超的技艺，以分毫不差的尺度，土、釉、火的把握达到完美的平衡，恰到好处，既承载了古人天人合一的传统美学精神，又含有崇简内敛的理念，沉稳大方，美

> **玮瑜说瓷**
> Tales from Chinese Collections
>
> 款识，本是指古代钟鼎彝器上铸刻的文字。颜师古注："款，刻也；识，记也。"瓷器术语中的款识又简称为"款"，是指烧制时书写或刻印在器物身上的制作年份、用途等标记文字。款识有多种叫法，例如器物专供供皇家使用的，叫官款。除此之外，还有民款或私家款。

妙绝伦。此仿汝釉尊器型釉色，如天作之合。"增之一分则太长，减之一分则太短；著粉则太白，施朱则太赤。"楚国著名辞赋家宋玉《登徒子好色赋》的名句，仿佛专为咏此尊也。

（四）

前些天有朋友来访后，就把这件器物的照片发上了微信朋友圈，佳趣雅集总干事张志大哥马上回应："这件东西的上一口是我的，败给了西关小姐。"真不好意思，承蒙张大哥相让！谢谢张大哥！张大哥不说出来，真不知道张大哥也加入竞投。小女子在拍场向来不知道哪个牌号是谁的，只关心自己是否能拍到。以张大哥浸淫行业多年，佳趣雅集是目前国内著名的古董瓷器行家和藏家团体，成员来自五湖四海，行家里手云集，张大哥是带头大哥，带头大哥可不是普通人能当的。

看看《天龙八部》，就明白带头大哥是何等的江湖地位了，由此可知张

佳趣雅集总干事张志（左）与冯玮瑜合影

大哥在国内古董行家里的地位和影响力。以张大哥独到的眼光和果断的出手，这件雍正仿汝釉尊绝对是好东西，蒙张大哥承让，此器小女子侥幸得之。一念至此，小女子心情就美美的。

见多识广的金立言博士看到这件仿汝尊时，仿佛乍见宝物，瞳孔和嘴巴都放大了，捧着它久久不愿离手，良久才摆放好，再前前后后、左左右右从多个角度仔细端详，然后又再次上手，里里外外反复把玩多时，对它赞叹不已，早已成为大专家了还忍不住像孩童一样伸出指头大加点赞。金博士说："这件雍正仿汝器，太精美了，釉色仿得真好，如'雨过天青'般匀净，仿汝仿得如此高妙，真是过目难忘啊！"

深圳博物馆副馆长郭学雷（左）、金立言博士（中）与冯玮瑜共赏仿汝尊

郭学雷副馆长对这件仿汝釉尊赞不绝口："官仿汝釉器见过不少，能仿得釉色这么好的，器型制作得这么精美的，真是少见！雍正御窑，名不虚传啊！"

这么多名家大师对这件仿汝釉尊赞赏不已，小女子的心情也如雨过天青般明朗，把酒醑滔滔，心潮逐浪高。

玮瑜谈收藏与理财

知识和眼光决定了回报率

　　有很多人认为：收藏就是收藏，投资就是投资，它们不是一回事。但我一直认为，收藏是要花钱的，那就肯定涉及资金的使用，而资金是有成本的，进而产生了成本与回报的问题，所以收藏肯定就是投资的一种方式，只不过是兑现的时间和方式问题。收藏和投资，其实就是我们理财的两种方式，收藏得当，当然带来回报，而且往往是超额回报。

　　汝瓷，对每一个收藏瓷器的人来说都是梦想，正因为它寥若晨星，所以有人难免有非分之想：万一我也拥有一件，不就……

　　但是我要提醒你：造假高手针对你这种想法，也烧制了跟书里鉴定标准几乎一样的"宋汝窑瓷器"，还会跟你讲故事：汝窑虽然被宋徽宗指定为官窑烧制瓷器只有 20 年，但它在被宋徽宗垄断生产前，作为民窑也在不停地烧造啊，那同样也是汝窑啊，这一件就是宋徽宗垄断之前烧造的。有理论有逻辑，说不定还配有曲折动人的故事……所有这些，听了笑笑就算了，不要发"宋汝窑瓷器"的横财梦。

　　凡是可望而不可得的，从投资的角度就不要去碰它，君子不立危墙之下，我们要做有把握的收藏，以免连本金都丢失，"由贪变贫"。

　　在宋汝窑瓷器已不可得的情况下，仿汝瓷器成为收藏的最佳选择，当然不是今天新仿的。

　　书中重点提到我收藏雍正仿汝器的故事，为什么会收藏雍正仿汝窑瓷器呢？因为雍正仿汝窑瓷器是历史上仿烧得最成功的，雍正仿汝，主要是从釉色上来仿，釉面多数有小片纹，但也有大片纹或无片纹的。

　　雍正仿汝瓷器制作精细，但与宋汝窑瓷器易于区别：宋汝瓷器釉面一般为失透状，厚润无光泽，器底无款；雍正仿汝瓷器大多釉面透亮，清澈晶莹，底署"雍正年制"或"大清雍正年制"篆书款。两者不容易混淆。

　　能在市场流通的真正的汝窑瓷器屈指可数，了解到这个背景知识以后，我们收藏就可以选择顶级的仿汝窑瓷器，才不会走弯路。而且，雍正仿汝窑瓷器在市场上还能见得到，你完全有机会入藏，目前价格正在步步走高。

大道至简

一件

北宋定窑刻花双鱼纹碗

入藏记

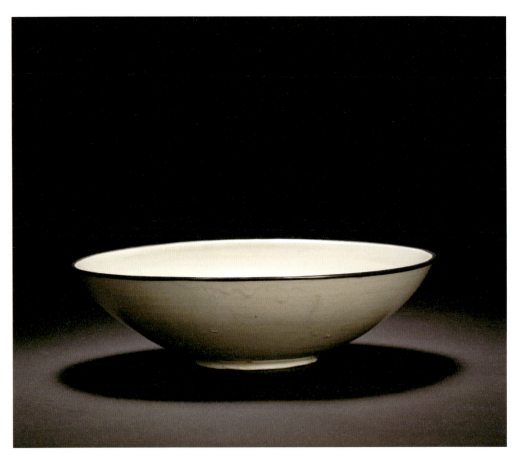

藏品：定窑刻花双鱼纹碗　　　　　　来源：壶中居　东京
年代：北宋　　　　　　　　　　　　　　　福田山房　日本
款识：无　　　　　　　　　　　　　　　香港苏富比2015年6月1日 "福田
尺寸：口径20.2 厘米　　　　　　　　山房·古陶瓷精选" 编号588

2015年6月，著名收藏家冯玮瑜收藏

　　该碗属大碗，敞口，圆弧形壁，圈足满釉，口沿有芒，镶金属扣，碗心平凹，
刻双鱼纹，细工精刻，起刀流畅，自然灵动，简洁而不失妩媚。
　　该碗器薄胎轻，釉色偏白略泛牙黄，器外壁带几道暗色垂滴泪痕，内外壁光
洁，素饰无纹。

近代大学者陈寅恪先生曾说："华夏民族之文化，历数千载之演进，造极于赵宋之世。"

中国的古代陶瓷艺术名传天下，是人类文明的重要标志，在中国文化史上有着举足轻重的地位。宋代是我国古代文化和科学技术高度发达的时期，也是制瓷工艺技术繁荣昌盛的时期。

赵宋一朝推崇简约抽象之美，这一理念深入社会的方方面面。宋人向往返璞归真、恬淡静悠的生活方式，这些都体现在了宋代瓷器上。宋瓷以素净优雅为美，追求器型简洁，釉色纯净，不张扬不做作，于纯净釉色之中传递美感。宋瓷一直为后世喜爱与推崇。

宋瓷是中国瓷器史上的一座高峰，"汝、官、哥、定、钧"五大名窑名传天下。五大名窑以釉色取胜，千百年来受文人士大夫的喜爱，为后世所推崇。

（一）

汝瓷传世只得区区几十件。故宫博物院在 2015 年 9 月 29 日至 2016 年 8 月 31 日举办的"清淡含蓄·故宫博物院汝窑瓷器展"，集英国大英博物馆、上海博物馆、天津博物馆、吉林省博物馆的鼎力支持，也只得 29 件整器展出，可知汝窑器之难得。汝窑器已不仅仅是财力是否所及的问题，更不是我辈所能入藏。

市场上官窑器偶尔还得一见，但流传有序的不多见。2015 年 4 月 7 日香港苏富比春拍，就上拍过一件"南宋官窑青釉八方弦纹盘口瓶"。在预展时我倒也有上手认真把玩过，该瓶后来被刘益谦"任性"地以 1.13 亿港元的天价拍走。以亿元来计算的宋官窑器，同样不是寻常人家能收藏的，刘益谦不是说过"没钱不要玩收藏"吗？

官窑器也能见到，没有传承记录的偶有所见，但不敢贸然下手。流传有序的宋哥窑器同样不多见。2015 年佳士得香港秋拍的"古韵天成·临宇山人珍藏"专场，就有一件"南宋哥窑葵口盘"出现，估价为 4000 万至 5000 万港元，可惜流拍了。这是生不逢时的个案而已，要不是 2015 年经济下行，艺术品市场进入深度调整，收藏界资金奇缺的话，这等宝物怎会流拍。

钧窑器市场反而常见，但现在学术界对钧窑的烧制年代时有争议。有学者认为钧窑为元明之物，不到宋代。现在国外拍卖行对传世钧窑器物，有的保持过往一样，仍定义为"宋代"；有的则保守定义为"明或以前"。

现在还想在汝窑、官窑上建立自己的收藏体系，不管你多么富有，逻辑上已无可能。屈指算来，也只有钧窑和定窑尚有一定的存世量，而目前尚能让我在自己的财力范围内从容细挑的，又没有年代争议的，定窑器是首选了。

定窑，即宋朝时定州烧造的瓷器。定窑不仅见之于宋代官方文献如《宋会要》《太平环宇记》，也见于当时文人学士的吟咏记录。直至明代鉴赏瓷器风气日盛,《格古要论》《遵生八笺》《长物志》均把定窑与汝窑、官窑并列。

定窑为赵宋名物。定窑以生产精细白瓷而著称,其胎骨坚细,釉面滋润,泛出象牙一般的质感。

（二）

我一直想收藏定窑瓷器,喜欢的就是它的素洁莹润,白中泛象牙般的牙黄,充满自然之美。但我对自己收藏定窑器还有个标准：流传有序,来源清晰,器型完整,釉面有泪痕或刷丝痕的定窑特征。所谓"泪痕",就是在上釉或烧制过程中,釉浆流淌的痕迹犹如泪痕一样。泪痕厚处均有明显的偏黄色,无论是正烧还是覆烧,泪痕流向均是自上往下流淌。另外还有一点,我个人喜欢素饰无纹的光素器,对花哨的东西不甚感兴趣,偏偏定窑除了釉色莹润外,还有另一个重要特征就是以刻工精美闻名,无论是模印还是剔刻。我只能找既体现精美刻工,又尽可能多光素的,才能符合个人的审美意趣。所以尽管近年国内外拍场上定窑器不乏见,但符合自己设定标准的,还真不多见。

没碰上就等呗,不就是考验一个人的定力和耐心吗？小女子还年轻,等得起嘛。

记在 2013 年 10 月中国嘉德香港秋拍时,曾有一件"宋·五王府款定窑白瓷葵口盘"上拍。拍品编号为 547,是一件光素器,底刻有"五王府"款识。定窑有刻款的较少,迄今发现,定窑烧造时就刻有款识的有"官"、"新

宋定窑刻花双鱼纹碗内底

官"、"尚食局"、"尚药局"、"东宫"。此盘所刻的"五王府",在定窑款识中十分少见。该款识为世人所知是在 1957 年故宫文物院第二次调查河北省曲阳县涧瓷村窑址时,采集标本中有一件刻有"五王府"的碗底,"五王府"的款识才见之于世。

此盘款识如此罕有,为何没有可靠来源及流传记录?我对老窑认识不深,是真是赝?买还是不买?折腾得我"才下眉头,却上心头",心里越忐忑,越不敢造次。"宁可错过,不可买错",想想自己也没有"捡漏"的命,叹了口气,最终放弃了。

2015 年,又有一件"官"款的定窑器在境外出现过,略有瑕疵。我也电话委托,举到自定的底价后我放弃追高,结果让别人拿去了。因为它带"官"款,有款的定窑比较少见,这是我参加竞拍的原因,但毕竟不是完整器,这也是超过了自己设定的价位就放弃的原因。

2015 年 4 月 7 日,香港苏富比春拍推出一件拍品编号为 3201 的北宋 / 金"乾隆御题定窑葵花式盘"小盘。品相极好,底部刻有乾隆御题诗一首《乾隆丙申春御题》,刻有"古香"、"太璞"印。该御题诗在《清高宗御制诗文全集·御制诗五集》之卷 23·页 27 中有著录。该盘曾经在佳士得伦敦、伦敦苏富比有两次上拍记录和名人收藏记录,来源是清晰的,品相也没有问题,而且一看就是很开门的老窑货。

此盘我反复上手来来回回认真地观赏过多次,初看非常好,符合我的入藏标准,但反复地看,看来看去,看多了心中起了疑惑:御题诗每一个字都刻得太好了!这符合当时的工艺水平吗?是否清末民初后刻的呢?因为清末民初就有高手专门在老窑器底部仿刻乾隆御题诗字的,论字计价,一个字多少钱，计价仿刻。

有没有乾隆御题诗刻字，关乎此碗是否清宫旧藏，是否乾隆皇帝的玩赏物，市场价格有天渊之别，故清末民初有高手专门做此营生。

带着疑问，我反复对照台北故宫博物院出版的《得佳趣·乾隆皇帝的陶瓷品味》，故宫出版社出版的《定瓷雅集·故宫博物院珍藏及出土定窑瓷器荟萃》，日本学习研究社在昭和四十八年出版的《宋瓷名品图录》，还有其他刻有乾隆御题诗的资料里面的刻字，仍解决不了我对此盘刻字的疑惑。

|《得佳趣》《定瓷雅集》《宋瓷名品图录》

是我多疑看花了眼吗？我也请教了行家前辈，他们同样认为货是老货，但对御题诗是否后刻却有不同的见解，颇有争议。因为该盘最重要卖点就是刻有乾隆御题诗，而现在我自己不能确认此盘的御题诗真是乾隆时刻还是民国仿刻。收藏，只要有一丁点儿的疑惑，就要放弃。要拿出"毒蛇缠手，壮士断腕"的勇气。没什么可犹豫的，我果断放弃了该盘。

当然，我的"不确认"纯属个人的认知，不等于该刻字就真有问题，只是我功夫未到家，不敢亮剑而已。

放弃，放弃，放弃……接二连三地放弃，我并不焦急，也不遗憾，耐得住寂寞，在等待着机会。我潜伏着，希望就像古龙所描述的李寻欢一样，"小李飞刀，例不虚发"。

（三）

寻寻觅觅了几年，终无所得，自知机缘未到，急不来的，也就不慌不忙地等待着，"采菊东篱下，悠然见南山"，日子过得恬然自在。试想既要有定窑的特点刻花，又要尽可能光素，这本来就是矛盾的，碰到的机会真的不多。

一直等到 2015 年 6 月 1 日，香港苏富比举行一场小拍，其中有一个专题拍卖是"福田山房·古陶瓷精选"，共有 13 件宋瓷、2 件元瓷作为一个专题拍卖。

苏富比还撰文介绍"福田山房·古陶瓷精选"："如下拍品，由日本一对夫妇私人收藏，二人均为医生，年轻之时，勤于医事，少有余暇。逾二十年前，始行收藏，持之至今，尤以宋瓷为主，亦精佛教艺术，得而富其眼界，明其心境。在此，苏富比荣幸备至，呈此等精选致珍，品物悦心，与世共赏。"

> **玮瑜说瓷**
> Tales from Chinese Collections
>
> 圈足，瓷器足部的一种式样，是指器物底部承制一个圆形圈，承托整个器物。它本身也是瓷器不可分割的一部分。

这又是一个令小女子遐想联翩的收藏故事。想一对璧人，工作之余以赏玩宋瓷为乐，不就犹如北宋李清照与丈夫赵明诚志趣相投，生

HK0578
Lot. 588

宋定窑白瓷刻花双鱼纹碗

活美满，"把酒东篱下"，共赏玩金石书画的才子佳人故事吗？爱屋及乌，小女子当然对其藏品也感兴趣了。

"福田山房"的 15 件古瓷精品，打头炮的就是编号 588 的"北宋定窑双鱼纹碗"，来源为"东京·壶中居"：

> 该碗属大碗，敞口，圆弧形壁，圈足满釉，口沿有芒，镶金属扣，碗心平凹，刻双鱼纹，细工精刻，起刀流畅，自然灵动，简洁而不失妩媚。
>
> 该碗器薄胎轻，釉色偏白略泛牙黄，器外壁带几道暗色垂滴泪痕，内外壁光洁，素饰无纹。

大巧不工，大美至简，此碗正合我意。

双鱼者，中国传统纹饰，深入民心，寓意吉祥，作岁岁丰余之意，表鱼水和谐之美。双鱼纹是宋定窑的经典纹样之一，广泛存在于各式盘、碗中，寓意吉祥，备受世人喜爱。

《定州花瓷》

查阅资料，北京故宫旧藏中的定窑大碗或小碗，其内即刻有双鱼纹，双鱼式样与本碗类似。

与本碗类似的有台北"故宫博物院"出版《定州花瓷·院藏定窑系白瓷特展》第 80 页"金·划花鱼纹大碗"。

雅典贝纳基博物馆也藏有一例，见《贝纳基博物馆目录》（*Catalogue of the Benaki Museum*）1939 年版第 258 页。

耶鲁大学美术馆也藏有相似一例，见《耶鲁大学美术馆馆藏远东艺术图录》（*Selected Far Eastern Art in the Yale University Art Gallery*）1970 年版第 292 页。

预展时，碰到了明成馆的郑里大哥，我请教郑大哥对此碗的看法。郑大哥虽然腰粗膀圆，是个大胖子，但看器物却非常用心和细心，且为人非常热心。我与郑里大哥数年前已相识于北京荣宝拍卖。郑大哥诚恳地告诉我："老窑器我没把握，要不我请我师傅帮你掌掌眼。"郑

| 明成馆郑里先生（右）与冯玮瑜合影

大哥的师傅就是大名鼎鼎的黄少棠老师，他是陈玉阶老师的高徒，是香港古董收藏界著名的大行家和鉴赏家。

第二天郑大哥给我来电说："黄师傅看过了，该定窑碗年份是对的，路份也好，更难得该碗是没有瑕疵的完好器。"有了黄少棠老师掌过眼、把过关，我心就更笃定了。

当仁不让，拍卖当日，这只"北宋定窑双鱼纹碗"就让我拿下了。"花开堪折直须折，莫待无花空折枝。"

此碗通体施白釉，釉薄而轻盈，胎质细密轻薄，呈现象牙一般的质感，内外壁皆光素，盘心刻双鱼纹，两尾游鱼在水波中欢快游弋。造型简练大方，线条流畅，意趣横生。让人越看越爱，好生喜欢。

（四）

"大象"项立平（右）
与冯玮瑜合影

2015 年底，收藏拍卖界的著名推手、"大象视界"的创立人项立平先生光临寒舍，我把这件定窑碗拿出来共同欣赏，说起这件东西出自日本的"壶中居"。

近年东西南北、国内国外，每逢拍卖，到处都能见到"大象"先生活跃的身影。他的"大象视界"为艺术品收藏界活动进行广泛的宣传报道，活脱脱就是收藏拍卖界的一名"劳模"。他走南闯北，见多识广，就告诉小女子一段有关"壶中居"的故事：

东京有两家著名的古董店铺——茧山龙泉堂与壶中居。2012 年以前，在日本最大的中国陶瓷收藏家叫伊势，他向来出手不凡，横扫苏富比、佳士得的宋明陶瓷，屡创天价，截至 2012 年，伊势成为日本收藏中国陶瓷第一人。

但是到了 2012 年，位于富士山脚下的冈田美术馆开业了。冈田瞬间打败了伊势成为日本的陶瓷收藏第一人，而此前居然无人知道冈田有如此伟大的陶瓷收藏，冈田美术馆的陶瓷收藏主要就是来自壶中居。

| 茧山龙泉堂

| 壶中居

伊势一直在购买茧山龙泉堂的精品，且只要喜欢从不还价，而坐落在高岛屋旁边的壶中居这 30 年看似门庭冷落，车马稀少，偶尔约见也只提供汉唐艺术，但这只是表象，内里另有乾坤：原来冈田在 1980 年前后，即包下了壶中居美术店，要求他们在全世界为他收藏中国、日本、韩国的陶瓷精品。每月最后一天，亲自上门，将所有月内收集来的古董一扫而空，从不还价，一直坚持了 30 余年，才诞生了冈田陶瓷美术馆。

茧山龙泉堂与壶中居代表了日本古董商的标志和水平，也印刻下了日本顶级藏家对于中国艺术品的痴迷和坚持。

"大象"说得绘声绘色，我听得如痴如醉……

哇哇！这个故事怎么那么像金庸的江湖呢。冈田就像一个绝世武林高手，隐姓埋名，默默无闻，30 年闭门苦练，一朝破茧而出，技惊天下，威震武林。从此，这个江湖便是他的。而那个提供武林秘笈的，不正是壶中居吗？据苏富比图录介绍，我的这只定窑碗，来源正正就是壶中居！

收藏到出自壶中居的这件定窑大碗，也是缘分。此碗刚好能满足我个人审美意趣和要求，幸甚！

（五）

2016 年暮春三月，江南草长，杂花生树，群莺乱飞，正是岭南好时节。天津荣禧古美术馆李伯延馆长，在本年 1 月刚出版了一本《观古——荣禧古美术馆藏瓷》，特意委托广州华艺拍卖有限公司瓷杂部总经理周俊先生专门送给我。千里送鹅毛，礼轻情义重。李馆长以文会友的深情厚谊，小女子深为感动。我也因此有幸通过此本书观瞻了李馆长的珍藏。他的藏品非常丰富，而且全部经北京故宫博物院的吕成龙老师把关后，才在故宫出版社出版的。

不但如此，在 2016 年 3 月 14 日上午，春雨如苏，李馆长千里迢迢从天津来广州，由周总陪同专门来我处交流。我们虽然是初次相识，但出于对古瓷器的共同热爱，让我们一见如故，谈得行云流水，非常投契。李馆长收藏古陶瓷已有 20 多年，过眼无数，对器物的鉴赏非常有经验，行内驰名，他是我的前辈。

| 李伯延馆长（右）、周俊总经理（左）与冯玮瑜合影

我拿出这件定窑碗与李馆长、周总共同鉴赏。

李馆长拿着碗，先里外细看，然后拿起来贴近脸，仰脸迎光细看，然后给了个评语："非常好，此碗是'官定'！"

周总接着拿起碗来上手转了一圈，又打着手电筒里里外外细看了一遍，然后点头说："这碗很好，老货，宋器，还没有一点瑕疵，真是难得。"三人行，必有我师焉，我把握机会立即请教如何辨别是"官定"？

李馆长说："定窑有'官定'和'土定'之分，主要是修胎和选料不一样。'官定'是供皇家之用，烧制的瓷土经专门挑选淘练，修胎精细，品质与民用的不同，因而器物的观感是完全不一样的。我们行内一般把'官定'也称为'粉定'。据记载，'粉定'对着光线照，胎土呈肉红色，而且有朱砂斑，'土定'却没有，主要是胎土不一样所致，但朱砂斑不是每件都有，不是唯一的鉴定标准。鉴定时要综合分析，看整体风格、修胎工艺及精细程度等。我研究这些已 20 多年，基本上可以一眼货，因为是你的东西，我专门

北宋定窑双鱼纹碗底部

105

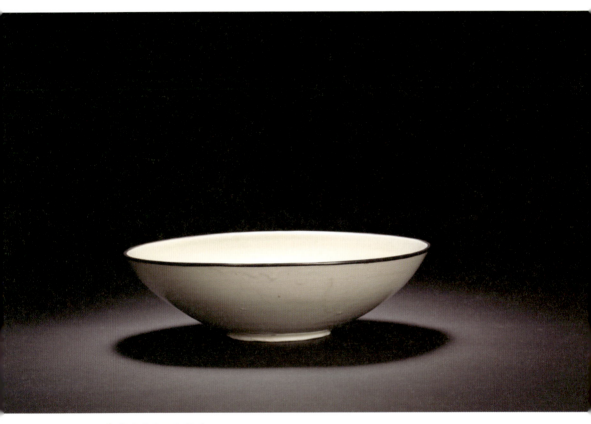

| 北宋定窑双鱼纹碗

再迎光仔细看，确是'官定'无疑。"李馆长边说边拿起碗对着光线，把碗慢慢地转着圈，一边指着给我看："你看，这个胎土迎光呈肉红色，是'官定'的胎土特征。然后这碗的碗壁非常薄，说明胎土很好，修胎认真，内底刻的双鱼纹非常精

> **玮瑜说瓷**
> Tales from Chinese Collections
>
> 瓷器的胎土，从理论上讲是制作瓷器的黏土原料。瓷用黏土主要使用是高岭土，作为制胎原料主要成分的高岭土，在全国各地均有分布，但土色、品质差距很大，烧成效果不同，因而可以通过观察胎土来鉴定瓷器的产地、窑口和年代。

细，无不处处用心制作，所以此碗与一般'土定'明显不同。你以后看多了，慢慢就能分辨出来。"原来李馆长是千里迢迢来传经送宝的啊！小女子又学到知识了。有朋自远方来，不亦乐乎。

2016 年 3 月 29 日下午，深圳博物馆副馆长郭学雷研究馆员和佳趣雅集学术顾问金立言博士一起光临寒舍。他们要编辑《中国民间藏瓷大系》，专门到我的陋居看我的藏品。当我把这件定窑碗拿出来，包装的木盒还没打开，金博士脱口而出："日本壶中居的来源。"

啊！一眼即知来源，真是目光如炬。金博士毕业于日本庆应大学，是艺术史专业博士学位，想必对日本器物的包装应是非常熟悉的。当打开包装把此碗摆出来，金博士还未

深圳博物馆副馆长郭学雷（左）指点冯玮瑜鉴赏藏品扣边

上手，只是瞄了一眼，就说："苏富比去年的拍品。"

神了！不但学术有成，连市场也通晓。这一眼即知来源、出处的本领，可知金博士博学强记，果然名不虚传！不愧是博士啊！

郭馆长上手里里外外认真看一遍，说："这是'粉定'，而且是清宫旧藏。"

"何以见得是清宫旧藏呢？"我立即虚心讨教——通过什么去判定是清宫旧藏，这是我要学习知道的。

郭馆长指着碗边的扣边说："出土的或民间使用流传的定窑器，口沿上的扣边都是较宽的，而此碗的扣边很窄小。这种包扣的方法是器物入清宫后，清宫重做的扣边，清宫扣边的特点是特别窄小。这种包扣的方法是器物入清宫后，清宫重做的扣边，清宫扣边的特点是特别窄小。你这个碗的扣边年代不到宋，是器物入清宫后重做的。"

一 玮瑜说瓷
Tales from Chinese Collections

扣边：芒口瓷器以金、银、铜等金属薄片镶边以遮掩其芒，解决其芒口粗糙以方便使用的一种工艺方法。后来也有用于掩盖瓷器口沿的伤磕，或用来增加装饰效果。

此碗的扣边不是北宋原物，此言不差。当初在苏富比拍卖时，我就已经断定是后人重做的扣边。因为宋代的金属扣边历时千年到现在，由于氧化或使用的原因，扣边上的包浆、磨损、腐蚀、铜绿总会有产生，而此碗的扣边却利利索索，虽然也有氧化包浆，有一定的年份，但应该没有宋代那么久远。那么，这种包扣是什么年代做的？我回来查了很多资料，一直考究不出。"听君一席话，胜读十年书。"郭馆长一言令我茅塞顿开——可以从镶嵌工艺角度来考究。（注：本文在雅昌艺术网发表后，也有其他藏友提出：日本后做的扣边，也是特别窄小的。）

郭馆长继续说："我认为此碗还不到北宋，而是金或者南宋的。"

"怎样来判断呢？"我继续虚心请教。

"因为北宋的时候是用木柴烧窑，所以器物是泛白色的。五代到北宋的定窑器，釉色较白。到了金或南宋，使用煤来烧窑，器物就泛黄了。而这只碗，白中泛黄，应是煤窑烧出来的，由此而推断，此碗是金或南宋时期的。"

金博士对这只定窑碗也是赞叹不已："釉色这么均匀，碗壁这么薄，双鱼刻得这么好，真是难得的定窑佳器。"

专家可不是浪得虚名的，言之有物，有理有据。

春日羊城，风和日丽，花气袭人，缕缕阳光洒进了陋室，暖意融融，旧雨新知，围坐品茗，共赏美瓷。他们博学强记，见解高颖，言语风趣，"古今多少事，尽在笑谈中"。

今日知音相聚，论尽窑事，良师益友，各抒己见，畅所欲言，可谓高谈阔论，酣畅淋漓……不知不觉红日西沉，夜之将至。

西园雅会之乐，想必不过如此矣。

郑里大哥、黄少棠老师、"大象"项立平先生、李伯延馆长、周俊总经理、郭学雷馆长、金立言博士等众多老师、专家、学者，对小女子爱护有加，倾囊相授，悉心指导。老师、专家、学者们的丰富学识、新颖观点、多维角度，开阔了小女子的视野和思维，令我获益良多。想到他们对我的厚爱和帮助，小女子长记于心。"十年修得同舟渡"，收藏过程中有他们的指教，真是不知几生修来的福分。

一只定窑碗，几许座上宾，谈笑有鸿儒，往来无白丁。

相信常识，秉持定力，不迷信故事

股票有内幕，古董有故事……如果自己不去分析判断，这些内幕、故事就会成为毒药。

现在房价很贵，广州一套独立别墅大概一两千万元不等，当有人说现在急着放盘，一套别墅只需一百万元，大家都不会相信，因为常识告诉我们：别墅不会那么便宜，这要么是玩笑，要么是骗局，大家都不会上当。

如果有人拿一件艺术品来，说价值一千万元，现在急着出手，只要一百万元，加上一个言之凿凿的故事，上当的人还真不少。上当者往往会认为：万一故事是真的呢？说不定卖家是个败家子，根本就不知道真实的价值呢？那么低的价格，赚少一点再出手也划算得很。最后的结果当然是可想而知了。

为什么低价卖别墅你不会上当，而低价卖艺术品你会上当呢？因为别墅的价格非常清晰，而艺术品不像别墅、家电那样有标准化的价格体系，别墅多少钱一平方米大家心中有数，而艺术品不是标准化产品，个性很强，同一个艺术家的作品也价格各异，带来价格判断的不一致，如果贪念作怪，往往容易上当。其实，每一个艺术家作品的价格，市场还是有一定标准的，买错者心中未必不知道，只是一念之失，付出了巨大代价。

世人都知道古玩市场假货横行，并感慨"人心不古"，这种状况并不是近些年才出现的，历朝历代都有人制作、出售假古玩。与纪晓岚同时代的状元钱文敏在评价此事时则说："稍见便宜，必藏机械，神奸巨蠹，百怪千奇，岂有便宜到我辈。"

所以在进行购藏时，不要相信故事，便宜莫贪，一旦出现与常识不一样的事情，一定要多加小心，常提醒自己"岂有便宜到我辈"。

《南窑笔记》："出北宋定州造者，白泥素釉，有涕泪痕者佳，有印花、拱花、堆花三种，名定州花瓷是也。"

定窑胎体坚致，瓷化程度很高，釉色多数白中微微泛牙黄色，发色不够稳定。

我入藏定窑瓷器，不是一时心血来潮，而是前期做足功课才果断出手的。

定窑由于是宋五大名窑之一，名声很大，故赝品不少，一旦投资失误，金钱损失还在其次，最怕把心气都输没了，所以收藏时要特别小心。特别是新手，大可不必想着去捡漏，挑件真的、好的入藏比什么都重要，就算贵一些也是值得的。

走好第一步，走好每一步。

第6章

知白守黑

一件
宋代建窑兔毫盏
入藏记

TALES FROM CHINESE COLLECTIONS

藏品：建窑兔毫盏　　　　　　　　　　来源：纽约苏富比2015年9月16日
年代：宋　　　　　　　　　　　　　　　　　编号263
款识：进盏
尺寸：口径12.7厘米

2015年9月，著名收藏家冯玮瑜收藏

　　此盏敛口，口大足小，形如漏斗，口沿釉色深黄褐，有毛糙扎手的感觉。釉水上薄下厚，呈现数不清的兔毫丝，外壁近足处未施釉，黑釉自然垂流，凝结成五颗滴珠状态。

宋代瓷器，既有烧制白釉的定窑，也有烧制黑釉的建窑。当我有意向收藏白釉的定窑同时，就想到也要收藏黑釉的建窑。为什么？因为一白一黑，那才有对应，才不孤独。《水浒传》里有个"浪里白条张顺"，就有个"黑旋风李逵"，还狠狠地打了一架。金庸的武侠小说，大多只要有个白大侠或白枭雄，必然就有个黑的衬着，什么"黑无常、白无常"的，什么"黑白双煞"之类。反正白不配黑，黑不配白，就不般配！

老子语："知其白，守其黑，为天下式。"

知白守黑，收了个白的定窑，就得继续收个黑的建窑，这样他们就般配了，就像宋代的官人和娘子一样，成一对儿了，就会安安分分地留在我这里了。小女子的一片初心就是这样想的。

（一）

宋代的黑釉瓷器，最有名的当属建窑。建窑即建州窑，位于福建省建阳县水吉镇，唐宋时隶属于建州，故称建窑。建窑始烧于五代末，繁荣于两宋，衰落于元末，至清代而终。

建窑虽不入宋"五大名窑"之列，但在中国古陶瓷史上也赫赫有名，以烧黑釉瓷闻名于世。因为当地的瓷土含铁量极高，故胎色深黑坚硬，有"铁胎"之称，这是全国其他地方所没有的，所以其他地方烧不出来。一方瓷土造就一方名窑，正是这里的瓷土成就了建窑。

南宋是建窑的鼎盛时期。其杰出成就表现在变幻莫测的釉色方面，黑釉得到淋漓尽致的发挥，并与青瓷、白瓷形成"三分天下"之势。

建窑原是江南地区的民窑，北宋晚期由于"斗茶"的特殊需要，烧制专供宫廷用的黑盏，部分茶盏底部刻印有"供御"或"进盏"字样，这些底部带刻字的茶盏应是为宋代宫廷烧制的贡品。

宋代，以"三纲五常"为基本内容的儒家理学被奉为道德标准。在这种思想的支配下，人们的美学观点也相应发生变化，崇尚内敛，推行简朴。这种理学思潮折射到瓷器艺术风格上，便形成宋瓷对内在寓意的刻意追求，如建窑油滴、兔毫等，都不是普通的浮薄浅露、一览无余的透明玻璃釉，而是可以展露质感美的结晶釉。这种追求内在意蕴的艺术风格，在建窑珍品上得到淋漓尽致的体现。

建窑能够在斗茶盛行的宋代独受青睐，主要是黑釉茶盏利于衬托白色茶末，易于观察茶色而广受时人喜爱。但仅有黑色釉是不够的，建窑的主要魅力在于，碗盏黑釉表面的窑变斑纹，具有千变万化、绮丽多彩的奇特艺术效果。如果没有釉面窑变斑纹，则只是普通的黑釉盏，也就突出不了建窑的特色。如果各件建窑器物的釉面窑变斑纹千篇一律或优劣差别不大，建窑就不会名扬天下。

"兔褐金丝宝碗，松风蟹眼新汤"，这是宋代大书画家黄庭坚对黑釉"兔毫盏"的赞誉之词。还有苏东坡、蔡襄、宋徽宗都对它有过流传至今的赞美之句。为何一只小小的黑釉盏在当时会受到如此之多的名人雅士，甚至皇帝的关注与称誉？

这是由于宋代当时人们饮茶、斗茶之风的盛行所致。宋人饮茶较之唐人更加细腻和精致，一改唐人直接将茶末放入茶釜中煮茶的方式，并且更讲究艺术化。点茶是他们生活的重要内容，于是宋代的茶具又有了新的面貌。

所谓点茶，可分为两种方式：一种是抹茶，把饼茶在茶碾里研碾成末后注入沸水点啜饮用；另一种就是斗茶，把饼茶放在茶碾里，研碾成茶末，置于盏中，然后浇入少量沸水冲点，把茶末调成膏状，再加水，用茶筅快速击拂搅拌（类似如今打蛋），使之泛起厚厚的茶汤白沫。白沫浮面紧贴盏

"兔褐金丝宝碗，松风蟹眼新汤"

宋建窑兔毫盏

沿不退的称之为"咬盏"。斗茶时不能出现茶面白沫与茶汤分开的现象，或不咬盏。斗茶就是比较双方的茶汤泡沫的质量及持久度。斗茶时茶色尚白，以置于需要黑釉茶盏来衬托茶色，以便观察评判。

由于黑釉茶盏利于清楚地观察茶面上白沫的变化情况，而广受时人喜爱。而那黑如漆器般的"兔毫盏"釉面上，所现出的丝丝黄褐色的自然纹理，与茶汤、白沫共冶一盏，给当时盛行此风的人们带来一种神奇、美妙的全新感觉，使人们得到一种极大的视觉享受。

所谓"兔毫盏"，因其在黑或褐色釉层中透射均匀细密、状若兔毫的自然结晶釉纹，故名。"兔毫盏"的出现，有它的特定的时代意义。因为它符合当时人们生活及精神上的需求，符合宋人那种恬淡典雅，但在平静中求变化的审美情趣。而且建盏胎厚，捧在手中不烫，也适宜于茶汤保温。尺寸较大，方便在盏中击拂，具有实用性，加上在宋代它的成品率就不高，"物以稀为贵"，因此"兔毫盏"在当时就被帝王贵胄、文人士大夫及禅门僧侣所珍藏使用，成为"茶家珍之"的茶具。

《梦粱录》："烧香点茶，挂画插花，四般闲事，不宜累家。"斗茶在宋代成为生活风尚，因此斗茶的重要用具建盏，也由此风靡全国。元代以后中国改点茶为散泡，饮茶方式的改变，导致建盏无用武之地，从此淡出人们的视野。

（二）

收藏建窑器物，我秉承自己的收藏原则，同样走精品收藏路线。因为建窑曾经烧制过供皇家使用的贡品，所以就设定先从贡品入手，也就是收有"供御"和"进盏"底款的建窑盏。

建窑的精品与普品的差价大得惊人。例如以最近的市场成交价看，2016年4月6日，香港苏富比春季拍卖会"瑟金顿专场"里编号为12的"南宋建窑兔毫茶盏"，成交价高达600万港元（含佣金），而同期的建窑盏不过10万元左右，其差价可见一斑。这件600万港元的建窑盏还是没款的！

建窑器物每年都有上拍，但有款的可谓凤毛麟角，市场并不多见。这些年我一直默默关注着市场。

2013年10月8日，中国嘉德（香港）的秋季拍卖会，有一件编号605的宋"供御"款黑釉茶盏出现。那场拍卖，我正一心一意研究同场出现的一件"五王府"款定窑葵口盘。因为"五王府"款的定窑器比"供御"款的建窑更为少见，故对这只建窑盏没有深入研究（不研究清楚我是不敢贸然下手的），一下子就错过了。"五王府"款定窑不敢下手，这件"供御"款建窑又错过了，每每想起此事，都遗憾不已。

2014年4月9日，中国嘉德（香港）的秋季拍卖会同场出现两件"宋建窑兔毫盏"上拍，编号分别为777号和778号。778号带有"进盏"款，估价为300万至500万港元，而777号没有款，估价仅为5万到8万港元。这两件建窑有款跟没款相比，差价近100倍。

嘉德这件"进盏"款建窑兔毫盏，我沉吟良久，仔细思量，终是放弃。原因很简单：没有传承记录。300万到500万港元买一件没传承记录的建盏，即使器物绝真，小女子也感到太贵。对我来说，老窑器的传承记录是很重要的参考指标，这个传承记录是有价值的。简单来说：有传承记录的器物要加价,没传承记录的价格就得低些。就像书画里拍卖市场定价,是否在《石渠宝笈》有注录,其市场价有天渊之别一样。

功夫不负有心人,一直等到 2015 年 9 月 16 日,纽约苏富比公司的一场"重要的中国艺术品"拍卖会上,出现了一只编号为 263 的"宋建窑黑釉褐斑兔毫盏"。底刻有"进盏"二字,图录的来源介绍是:1970 年购于广州的一位茶叶鉴赏家的收藏品里。

遥想在 20 世纪 70 年代,"文化大革命"还在进行中,人们的思想还充满着革命激情。在"破四旧、立四新"的革命思想影响下,对这些"封资修"旧物恨不得全部砸烂。那时候人们的思想唯恐不够革命,哪会去做仿制作赝的事,那是发梦都梦不到的事。那时候"广州茶艺鉴赏家的藏品"想必是老户人家祖上留存下来的。这黑不溜秋的东西也没多少人关注,才可安然度过那艰难的岁月。

在宋时就享有很高声誉的"兔毫盏",对于现在的国内许多古陶瓷爱好者来说,对它的认识只不过是于 20 世纪 80 年代以后,那时候就知道一个黑釉土碗能值几千块。当然,那时及以前也绝对不必担心有赝品出现。当一种东西一旦有了高价,有了市场需求,在利益驱动下就会有人造假。于是,在 20 世纪 90 年代起就有了仿宋"兔毫盏"的出现。近几年来,随着造假者在胎、釉、做旧处理等技术上的突飞猛进,可以说目前的仿宋"兔毫盏"已经达到"以假乱真"的水平了,甚至能让许多藏家都打了眼。

所以收藏老窑器(包括建盏),我个人认为,传承有序是很重要的一个因素。这件 20 世纪 70 年代有过记录的老货,从来源上应是可靠的,但还得看实物。

宋建窑兔毫盏

这件建窑盏远在纽约，我立即请苏富比拍卖有限公司亚洲区董事、中国艺术部大中华资深专家李佳主管帮我现场看货，看品相。李佳在纽约对这个建盏拍下各个角度的照片，通过微信传来给我，并把苏富比的品相报告也发了过来。《状况报告》(*Condition Report*) 是这样表述的："整体品相良好，釉面见正常使用痕迹。"("The bowl is in good condition, the surface with expected wear.")品相良好，那我就放心了。

苏富比亚洲区董事李佳（左）
与冯玮瑜合影

另外我还电话咨询郑里大哥，他说黄少棠老师正在纽约看这场的拍品，可请他帮忙掌掌眼。后来郑里大哥回复我：黄师傅说那件建盏是开门货。

我就下了电话委托单，李佳告诉我，竞卖时特意安排由香港苏富比的谢忻熹先生与我通话，可说广州话，会按我的指示举牌。因我常到香港苏富比参加拍卖的缘故，所以谢先生与我也是相识的，有熟人当然更好，苏富比对小女子照顾有加，想得蛮周到的。

拍卖是纽约当地时间下午 2 时开始，广州时间就是深夜了。当晚，谢先

玮瑜说瓷
Tales from Chinese Collections

开门货，又称开门，是收藏圈内的鉴定术语，有特定的含义，指经过鉴定，确认被鉴定物品是真的，不是赝品。如果是鉴定书画，则意为真迹；如果是鉴赏器物，则意为到代，不是后仿品。

生来电先行与我通话，测试一下电话线路是否畅顺，并告知我大约一小时后才会轮到，快到时会提前来电的，让我先小睡一会儿。

怎么睡得着呢？人、等、等、等，夜、深、深、深，时间一秒一秒地过去。万籁俱静，夜里等待的时间过得特别漫长，特别折磨人。无奈只好随手拿起书翻翻看看，不求甚解，打发时间，反正也记不住。

深夜电话铃声特别响亮，心也随着铃声扑扑跳了起来，终于等到谢忻

| 苏富比谢忻熹先生（右）与冯玮瑜合影

熹先生的来电了。他说还差 5 个号码，不急，提前打过来，防止国际长途急时打不通。这就好了，我马上向谢先生了解：拍卖现场人多不多？国内去的多不多？人气旺不旺？成交率怎样？成交价怎么样？出价前掌握这些现场资讯，对我提前预判，酌定竞价的底线，有莫大的裨益。根据谢先生对现场及成交的描述，听着谢先生对前几件拍品的现场报价"成交价基本在估价区间内，还不时有流拍"。结合现在经济形势不好，艺术品行业正在艰难地"过冬"，我判断此盏成交价不会太高，应能在估价区间内拿下来。谢先生也认同我的判断。

262 号流拍，终于等到 263 号了。由于前面拍得不太理想，这件拍卖师干脆以低于底价起叫，我马上出价，如果没人争，那我就能以低于底价竞得了，那可就真是"捡漏"了。

我的黄粱美梦还没发完，就让大洋彼岸的电话报价狠狠地敲醒了。一口、二口、三口……叫价不断，情况与我预判的完全相反，怎么那么多人争？谢先生告诉我："跟前面拍的那几件不一样，这件现场有几个牌在争，还有其他电话委托也加入战团，搅混在一起。"你一口我一口，在这种多人竞拍的情况下，很难确定拍品的合理价格是多少了。其价格只能由最后举牌的两位买家说了算，只要一个不放手，价格就得继续上去。

终于，这件建窑盏以 7 倍底价敲槌成交！当然是我竞得。

如果不是小女子内心强大，在形势与自己预判相反的情况下，没有被瞬间打懵，而是审时度势，沉着应对，立即调整策略，一口一口咬着价，怎能终偿所愿。

落槌后不到五分钟，郑里大哥就发微信过来问，是否我拿下那件建窑盏，说黄师傅没有竞得。啊？我事前并不知道黄师傅也参与了这件建窑盏的竞投。好东西必然有好价格，这年代真没漏捡了。

我以高出底价 7 倍的落槌价竞得，再加上落槌价 25% 的佣金，成交价实际上近 9 倍底价了。我也弄不明白：怎么我看中的东西老是有人跟我争呢？莫非没有求神拜佛？建窑那方水土好像是妈祖管的，我真的没去拜过妈祖。

（三）

当这件"进盏"款建窑兔毫盏从西半球回到东半球，我一上手，哇，好沉啊！重如铁渣，有很明显的压手感，真是个"铁胎"啊。从重量手感来说，完全符合建窑瓷土含铁量极高的特征：

这件建窑盏敛口，口大足小，形如漏斗。距口沿一厘米处向内凸起圆棱一道，口沿上的釉大多是深黄褐色的，釉水上薄下厚。这是由于在 $1310 \pm 20℃$ 的烧成温度下，釉水大量向下流动的结果。而由于口沿处的釉较薄，它的主要成分为三氧化二铁，因此千百年来所受到的侵蚀也比较严重，当用手抚摸口沿时有毛糙扎手的感觉。该盏外壁近足处无施釉，近圈足处黑釉自然垂流凝结，并形成五颗滴珠状结晶釉。

翻过来看它的底部，只见胎呈紫褐色，粗而坚硬，胎土中多含没能完全粉碎的较大颗粒，显得略为粗糙，这是当时的加工手法及工具都较现代落后的缘故。如果修足精细，反而不符合宋代建窑的工艺水平。

此盏底足浅挖近似实足，圈足内留有少许浅黄色的垫饼残迹。这些残迹由于和胎土烧结在一起，所以很难将之除去。

盏上的褐色"兔毫丝"是铁晶体的聚集物。兔毫纹形成的机理与胎釉含氧化铁成分高有极大的关系。在高温烧制过程中，釉受热产生的气泡将熔入釉中的铁微粒带至釉面，当温度达 $1300℃$ 以上时，釉层流动，富含铁质的部分逸出釉面，向下垂流；冷却时金属介质留在釉层表面就形成细长似兔毫的条纹。

最为重要的是"进盏"款，该款是在凹浅底刻出，刻痕较深，字体有力，刀法自然。我用高倍放大镜认真观察，确认是烧制前所刻，而不是后刻。因为刻痕与周边的胎土，经高温烧造而形成的包浆，与后刻是完全不同的，不难分辨。

该盏造型敦厚古朴，线条自然流畅，修坯随意大方，一眼看去给人一种古意焕然的感觉。宋代建盏的那种粗、紫、黑、坚的沉重感，和历经千年风霜的历史感，一一呈现眼前。

怪不得嗜茶的宋徽宗，在亲自撰写的《大观茶论》中说："茶盏贵为黑，玉毫条达者为上，取其焕发茶采色也……"不仅如此，宋徽宗还亲自碾茶、点茶、赐茶，并极风雅地说："此自布茶。"

宋代重臣蔡襄总结数十年来的斗茶习俗，撰写了一部茶艺史上具有划时代意义的著作《茶录》。书中记载："茶色白，宜黑盏。建安所造者绀黑，纹如兔毫。其坯微厚，熁之久热难冷，最为要用。

| 宋建窑兔毫盏 底刻"进盏"款

出他处者，或薄或色紫，皆不及也。其青白盏，斗试家自不用。"《茶录》充分肯定建盏的功用和独特地位。于是，建盏便成为皇族、士大夫喜爱追寻的茶具。建窑由此进入鼎盛时期，生产规模不断扩大，并生产底足铭有"供御""进盏"的建盏进贡朝廷。

历代文坛巨匠纷纷畅怀讴歌建盏。

苏东坡："道人绕出南屏山，来试点茶三昧手，勿惊午盏兔毛斑，打作春瓮鹅儿酒。"

僧人惠洪："点茶三昧须饶汝，鹧鸪斑中吸春露。"

蔡襄："兔毫紫瓯新，蟹眼清泉煮。"

杨万里："鹧鸪碗面云萦字，兔褐瓯心雪作泓。"

宋《宣和遗事》记载的北宋宣和二年（公元 1120 年）："（徽宗）又以惠山泉、建溪异毫盏，烹新贡太平嘉瑞茶赐蔡京饮之。"也可作为建窑盏进贡宫廷使用的文献佐证。

白定与黑盏都安于我家了，而小女子与建窑的故事还在继续。

2015 年 11 月 11 日，伦敦苏富比也有一件"供御"款的建窑盏上拍，编号为 75 号。因为我已经拍下了一只"进盏"款的，如果再拿多一只"供御"款，那就传世的"供御""进盏"都齐了。我委托下单，拍前一日，李佳给我发来急信："75 号拍品撤拍，有争议。"幸亏苏富比做事靠谱，让我避过一劫，否则急于求成，急着要收齐"供御""进盏"款，那就吃大亏了。所以收藏之路是万万急不得的，同时也说明，没有传承记录，横空出世的老货，真的要万分小心。

来日方长，我还年轻。"长风破浪会有时"，以后总会配齐的。

| 古陶瓷泰斗耿宝昌老师（左）与冯玮瑜在耿老故宫办公室合影

（四）

2016 年 4 月 20 日，由深圳文物考古研究所主办的"知白守黑——北方黑釉瓷精品文物展"在深圳开幕。"北方黑釉瓷研讨会"也同时举行，来自全国各地和海外的专家学者共计 60 余人出席。文博系统和民间研究者济济一堂，共同关注中国古代黑釉瓷的考古、工艺理解、审美价值、黑釉发展与社会生活变迁等相关课题。这是近年最高水平的黑釉瓷学术会议。

德高望重的古陶瓷泰斗耿宝昌老师，不顾 94 岁高龄专程由北京飞赴深圳参加会议。香港天民楼主人葛师科老师、北京故宫博物院吕成龙老师等都到会。国内大型博物馆和陶瓷研究所都有重量级学术领导参与，例如中国国家博物馆耿东升老师、上海博物馆李仲谋老师、广东省博物馆黄静老师、深圳博物馆郭学雷副馆长等。出乎意料，我也被邀参加，恐怕小女子是在

| 古陶瓷泰斗耿宝昌老师（前排）与冯玮瑜（二排左一）在"北方黑釉研讨会"上

| 著名大收藏家"天民楼"主人葛师科老师（右）与冯玮瑜合影

座最年轻，也最没本事的一位，在座都是大学者、大专家、大藏家，一时群英璀璨，星光熠熠，风采照人，真是"保安人物一时新"。

会上深圳市文物考古鉴定研究所所长任志录、深圳市博物馆副馆长郭学雷、深圳望野博物馆馆长阎焰等多位专家学者作了专题发言。我有幸亲耳聆听各位专家学者的发言，获益良多（会后我还专门要来现场录音，反复聆听，学习钻研）。特别是耿宝昌老师的治学态度，让小女子深受感动。耿宝昌老师说："黑釉瓷是古代陶瓷中的特色品种。在古陶瓷收藏渐热的当下，观众可以通过鉴赏唐宋以来的黑釉瓷精品，感悟隋唐宋元的审美情趣及文人面貌。"

耿老还谦逊地说："自己虽然一大把年纪，却还是个学生。"耿老不是说说而已，在研讨会上，他还像个学生一样举手提问，惹来全场一片掌声，大家都被耿老感动了。当时会议安排我就坐在耿老的后面，对这一幕看得清清楚楚。耿老认真的治学态度深深地感动了我，对小女子这些后生晚辈来说，实是一场让人难以忘怀的言传身教。

在这场研讨会上，我还有幸遇见大收藏家葛师科先生。凡是收藏瓷器的，总会听过香港"天民楼"的大名，葛师科先生就是天民楼的主人。天民楼藏品历经父子两代相传，以藏品精美而笑傲江湖。

有个圈内朋友跟我说了个故事：某次为了核对某件难得一见天价元青花的真赝，就冒昧去天民楼和葛先生商量，能否看看天民楼藏的同样器物，作为标准件来参照对比一下。行内都知道天民楼所藏既精且好，是可作标准器的。葛先生一下子就拿了几件出来，这可把朋友震住了，一件已是价值不菲的宝贝啊！天民楼的藏品太吓人了！

葛老师见到小女子就说："你去年收了一件郎窑红梅瓶。"

"您怎么知道的？"

"微信朋友圈都在转一篇《前世今生》的文章，你写了收藏郎窑红釉梅瓶的经过，我也看到了。"

在葛老师这种殿堂级的大藏家面前，小女子这点微末小事，实在不足挂齿，真让人汗颜啊！好在葛老师非常和蔼可亲，一再盛情邀请小女子做客天民楼。天民楼是一定会去的，那是一个瓷器宝藏，一个让小女子充满向往的地方，小女子一定会去开眼界的。

南方举办的一场北方古代黑釉瓷器展，当今瓷器界顶尖人物齐聚一起，切磋学问，可谓盛事，一时无两。小女子有幸参与其中，风云际会之间，

故宫博物院古器物部主任吕成龙（右）与冯玮瑜合影

得与结识前辈高人，聆听真知灼见，洗涤心胸，"万人丛中一握手，使我衣袖三年香"。这一切，竟是由入藏一件黑釉建盏而缘起的。

知白守黑，黑釉有其独特的美。无论是纯黑的幽美，还是窑变的诡谲，黑釉瓷都以其拙而不媚、纯而不虚的古典美学态度，给予人不仅以视觉的享受，更以思想的启迪。表现出朴实无华、拙而不媚、纯而不虚，既是思想的深邃，更是趣味的多变。

北宋初期的黑釉瓷追求的是纯黑如漆的审美。到北宋晚期，黑瓷却摇身一变，既追求纯黑釉的幽美，又追求多变的外观华丽。于是有了多重的装饰黑釉，剔刻画花、油滴兔毫，尽人之所能，黑釉的发展达到中国历史上的最高峰。各式形制的瓷器渗透到生活里的方方面面，此风的普及，使得中国历史上追求金银用器的风气一去不再复返，瓷器成了皇

深圳望野博物馆馆长阎焰（右）与冯玮瑜合影

家贵宅里的新欢。北宋晚期，随着宫廷的斗茶风气蔚为时尚，建盏的黑釉成为斗茶者的利器。建窑兔毫盏属于自然窑变类，全赖天成，非人力可为。建盏因自然窑变产生不同的结晶反应，呈现不同的颜色和斑纹。每个建盏都不一样，刚好满足了宋人崇尚自然和天工的要求。黑釉瓷成了皇帝的宠爱，贵族跟进，士大夫响应，民间效仿，一时之间黑釉瓷盛行于餐桌茶席上。

宋建窑兔毫盏

其风所至，内传中国至今，外达东瀛。

流传至今的建盏，其简单平凡而明丽华贵的工艺效果，给人以古朴而超俗的感觉，以及平和而深邃、简洁而柔美的灵感，让人浮想联翩、回味无穷。

这件建盏，对我来说，既是藏品，又是用品。古为今用，用这件意蕴隽永的茶盏呼朋品茗、引友烹茶，自然别有一股浓厚古朴的文化气息和生活乐趣。

低吸高抛的投资原则同样适用于收藏理财

股市有板块轮动，艺术品市场同样有板块轮动。在书画板块，黄宾虹50年后才价值回归；随后，张大千的亿元拍品就出场了；紧接着，各大拍卖行又纷纷推出傅抱石……古董板块也是如此，这几年佛像大行其道，而在几年前，佛像只是没多少人关注的配角；清三代瓷器前些年大放异彩，现在明瓷又引起关注了。

西装穿久了，就流行便装；裙子越穿越短，将来就会流行曳地长裙。

种种现象表明：无论是股市、楼市，还是艺术品市场，其投资的理念是一致的，就是高抛低吸。只要是有资金参与其中，其资金的嗜利属性是一脉相通的。

建盏因是民窑，过往没有多少人关注，价钱也不高，但近两三年间，建盏突然发力，特别是既有传承记录，又釉色窑变独特的，拍卖时一件一个天价，一波一波袭来，冲击得让人目瞪口呆。个别建盏的高价成交，打开了老窑板块价格向上的空间。

建盏存世量较多，品质参差不齐，民窑产品的要求没有官窑的严格，而且自宋后就慢慢淡出市场，所以在收藏群体里，建盏不是一个主要的收藏品种，过往它的价格真的很便宜。

如果早点入藏，收益当然可观。

建盏的热潮当然也是有迹可循的，它也是逐级而上的。我身边有几个师友早就潜伏在建窑里，而且是在热潮还未来到时，就直接去日本收货入藏了，日本保存的建盏还是很精美的。

建窑瓷简称"黑建"，黑釉滋润，而且在黑釉中还有各种斑纹，人们根据不同的形状分为兔毫、鹧鸪斑、油滴、玳瑁斑等品种。

在板块启动前就收藏，如果从投资的角度来看，要守得住寂寞，因为你不知道它何时启动。如果你是因喜欢而收藏的，则事半功倍。这也是收藏与投资的不同之处，也是更有意义的地方。因为收藏一件自己喜欢的艺术品，首先获得了身心愉悦，这是其他投资所不能比拟的。

明末张岱言："人无癖不可与交，以其无深情也；人无痴不可与交，以其无真气也。"

第 7 章

郎窑私器

一对
清康熙郎窑
青花过枝翠竹丹凤纹斗笠杯
入藏记

TALES FROM CHINESE COLLECTIONS

藏品：一对郎窑青花过枝翠竹丹凤纹　　来源：仇焱之旧藏
　　　　斗笠杯　　　　　　　　　　　　　　香港苏富比2014年5月7日
年代：清康熙　　　　　　　　　　　　　"仇焱之收藏的把玩器物"编号96
款识：青花正方倭角双框"御赐纯一堂"
尺寸：口径7厘米

2014年5月，著名收藏家冯玮瑜收藏

　　此对杯俊秀轻盈，胎土精良，体薄质坚，釉色莹润，洁白如玉。青花发色纯净，清雅怡人。杯中内外壁以青花淡描一竹一凤，对称布设，里外相衬，相得益彰。一器之内翠竹凝春，丹凤鸣祥。所画翠竹丹凤，一静一动，饶添野趣。青花淡雅，纹饰清新，画笔清秀细腻，灵动秀逸。

康熙、雍正、乾隆三朝，是清代全盛时期，世称"清三代"。清三代也是中国瓷器发展史上继宋瓷后的另一个高峰，清代的官窑瓷器也在清三代发展到顶峰。自清三代后，瓷器品质每况愈下，变得粗陋不堪，虽有晚清慈禧统治下的所谓"同光中兴"，瓷业也奋力一振，终是国力衰下，晚清官窑跟清三代相比，不可同日而语。所以，时人收藏、赏析清代瓷器，均以清三代为主要对象。

宋瓷是以产地命名，例如"汝窑"是汝州烧制的，"定窑"是定州烧制的，建窑是建州烧制的。而自明代中后期起，景德镇已是御用瓷器指定的唯一烧制地，明代著名的"宣窑"和"成窑"则以宣德皇帝和成化皇帝的朝代而命名。"萧规曹随"，清朝援用明朝惯例，官窑器也是指定在景德镇烧造，清代名窑则以督陶官姓氏命名。

（一）

明清鼎革，社会动荡，烽烟四起。顺治朝是满族入关之初，征战尚未结束，自康熙"平定三藩、收复台湾"后，满人的政权在华夏的统治逐渐稳定下来。从康熙中期起，皇帝指定了专门负责烧制御用瓷器的督陶官，清三代官窑，遂以督陶官而命名，例如著名的臧窑、年窑、郎窑、唐窑。臧窑是指臧应选督做的瓷器，年窑是指由年希尧督做的瓷器，郎窑是由郎廷极督做的瓷器，唐窑是由唐英督做的瓷器。

"若要穷，烧郎红"，所谓"郎红"，指的就是由郎廷极督烧的一种红釉器。这仅是郎窑器里多种釉色中的其中一种而已，由此可见，郎窑在中国瓷器史上占有重要的地位。

郎窑之"主人"——郎廷极，字紫衡，号北轩，盛京广宁（今辽宁北镇）人，家世显赫，隶镶黄旗汉军籍。郎廷极19岁即以门荫授江宁同知，后荐升云南顺宁知府，并先后为官福建、江苏、山东、浙江等省。康熙四十四年（1705年）四月，他由浙江布政使升任江西巡抚，驻南昌。康熙五十一年（1712年）二月兼任两江总督，调驻江宁（南京）。同年十月，郎廷极出任漕运总督，驻江苏淮安，3年后（1715年）卒于任内。

郎窑器，是指在郎廷极出任江西巡抚的8年任内（康熙四十四年至五十一年间），督理景德镇御窑厂事务时所烧造的器

| 清康熙 "御赐纯一堂" 青花过枝翠竹丹凤纹杯

物，其作品设计精妙，制作考究，摹古成就显赫，成为康熙一朝继"臧窑"之后又一辉煌之创举。对其摹古水平，刊刻于康熙五十四年 (1715) 刘廷玑所著《在园杂志》"卷四"里赞叹："近复郎窑为贵，紫垣中丞公开府西江时所造也。访古暗合，与真无二，此摹成宣，釉水颜色，橘皮鬃眼，款字酷肖，极难辨认。"

郎廷极，除了为皇室烧造贺寿御瓷与摹古宣成窑器以外，尚有设计烧造署写"御赐纯一堂"款之私人用瓷（即本文所说的郎窑私器），流传至今见青花、斗彩翠竹丹凤纹斗笠碗、霁蓝釉碗、模印饕餮纹三足炉等十数件。由于前后烧造时间不过三年，存世数量稀少，故而目前对郎窑私器之了解极为有限，有明确流传记录的更为难得，故郎窑私器可遇而不可求。

郎廷极本人嗜古成性，深谙艺事。文人士大夫对精致生活的营造，闲情逸致的抒发，与专为皇上烧制的贡品不同。郎窑私器，最能体现郎廷极个人的艺术审美品位，因其本身又是督陶官的身份，任内能通晓瓷务，创新釉色，其自用私器也必是精心烧制，非比寻常。

我对郎窑私器感兴趣，始于听了一个学术讲座。那是故宫博物院研究馆员、古器物部主任、故宫博物院学术委员会委员、故宫研究院陶瓷研究所所长、中国古陶瓷学会常务理事吕成龙老师，关于郎窑研究的学术讲座。那是在香港会展中心的一个二三十人的小会议室，由佳士得香港主办的一个学术讲座，那也是我第一次有幸认识吕老师。

在这场讲座里，吕老师讲述了他有关郎窑器的研究，谈到了近人对郎窑认识不深、研究不透，举了多个例子。吕老师还专门讲解了郎窑的官款和私款的写法、辨别要点，并对"御赐纯一堂"款识作了详细的介绍，图

| 郎窑青花过枝翠竹丹凤纹斗笠杯内壁

文并茂。吕老师的讲座条理清晰，深入浅出，并以多幅图片用于说明，因而给我留下了深刻的印象。

从那时开始，小女子就对郎窑私器非常感兴趣了，可惜有"御赐纯一堂"款识的器物在拍卖场很少见到。

（二）

2014 年 5 月 27 日，香港苏富比举办了一场"仇焱之收藏的把玩器物"（"Play Things From The Collection of Edward T. Chow"）的专场拍卖会，内有玉器、料器、瓷器、鼻烟壶及几件扇面，全是仇焱之日常把玩的东西。

这年头还有仇焱之的专场，难得啊！

当下只要是搞中国瓷器收藏的爱好者，没有不听过"仇焱之"大名的。他是殿堂级的古董商，有时似乎高不可攀，有时又似乎触手可及。高不可攀是因为他藏品品位之高、等级之精，令人仰望；触手可及是因为他的旧藏在市场流转时创造了一个又一个的天价，余风流及，仿佛他就在身旁。

仇焱之生于扬州，13 岁到上海"晋古斋"古玩店当学徒，其掌柜朱鹤亭对古陶瓷鉴定十分善道。仇焱之在掌柜朱鹤亭的调教下，勤学敏悟，练就了一双辨别古陶瓷的"慧眼"。之后，他便自立门户，经营古陶瓷，因其聪敏过人，精通英文，并有独特的古书画鉴赏天禀，故十分注重对古陶瓷的画工纹饰与造型的研究，这在圈内可谓标新立异。

古往今来，古玩鉴赏界就存在"玩画不屑瓷""鉴瓷不研画"的弊端。而仇焱之如此高屋建瓴的"鉴瓷观"，沿及今日，在"鉴瓷界"仍乃先卓。到 20 世纪 40 年代初，仇焱之凭借英语流利，经营手眼独特，成为上海滩商贾云集的十里洋场中的风云人物，与瑞典古斯塔夫国王（King Gustav）、大英博物馆霍布森（R.L.Hobson）与乔治·尤默福普洛斯（George Eumorfopoulos）以及闻名遐迩的大维德·珀西瓦尔爵士 (Sir Percival David)、乌尔渥斯的女继承人芭芭拉·哈顿 (Barbara Hutton, the Woolworth heiress)、上海博物馆等重量级的收藏人物或机构，交往深厚。他们手中让人眼馋的中国陶瓷藏品中，有不少为仇焱之昔日"经手"之物

1946 年，仇焱之以"抗希斋"名义于上海首度展出藏品，所藏的大量明代瓷器广受瞩目，因为在"二战"之前，国际上的顶级藏家只注重宋瓷。仇焱之开业界收藏明代瓷器的先河，引导了国际藏家开始青睐明代瓷器。

1947 年，内战正酣，上海风云动荡。仇焱之赴香港发展，与敏求精舍的创始人胡惠春、徐伯郊等成为南下香港的第一代收藏家。20 世纪 60 年代中期，"文化大革命"波及香港，香港也动荡不安，发生了示威和暴动，仇焱之又举家离开香港，定居瑞士，继续经营中国古代陶瓷，并为日本著名收藏家安宅英一担任主要顾问。

繁忙的生意之余，仇焱之始终笔耕不辍，于 1950 年相继出版了《抗希斋珍藏明全代景德镇名瓷影谱》和《斋珍藏历代名瓷影谱》，成为国外专业人士研究中国官窑瓷器最有价值的书目之一。

作为蜚声国际的"藏瓷大王"，仇焱之这个名字早已成为近现代中国明清瓷器鉴定、收藏的一个记号。坊间有关仇焱之的奇闻轶事，无一不提及仇焱之所藏古陶瓷之丰之精。

备受世人佩服的是，仇焱之超人一等的眼力和流利的英语，亦为其游

| 郎窑青花过枝翠竹丹凤纹斗笠杯

刃于古玩界提供了得天独厚的条件。

20 世纪 40 年代末到 60 年代前期的 10 余年间，大批移民从上海移居香港，在此弹丸之地，仇焱之衔泥筑巢般地收藏了众多历代官窑瓷器，传其曾以 1000 港元捡漏明成化斗彩鸡缸杯，被誉为业内传奇故事。

某前辈告诉我的版本是这样的：

据说香港某藏家在一家古董店见到这只成化斗彩鸡缸杯，一时吃不准真假，就去请仇焱之帮忙掌眼。他们一起到古董店，仇焱之看后对藏家说：不对。一听是赝品，那藏家失望至极，吁嘘而去。夜间辗转反侧，一晚难安，那藏家心里老惦记着这只鸡缸杯，对这只鸡缸杯魂牵梦萦，第二天又跑去古董店要求再看看，古董店老板两手一摊说："卖了。"

"卖了？昨天我还带朋友来看过，一夜之间就卖了？"

"是的，就是被你带来的朋友买走的。昨天你们走了以后，他自己又折回来买走了。"

"啊！"那藏家一听，气得肺都要炸了。真是岂有此理！他马上跑去找仇焱之算账。

仇焱之见藏家气冲冲地赶来，已知其来意，就坦然对藏家说："那只鸡缸杯确是我买了。"仇焱之接着又说，"我也知道你会来，所以我早就准备了一笔钱给你。"那笔钱当然不是小钱了。钱不是万能的，没有钱却是万万不能的，此事就被仇焱之用钱摆平了。

一场冲突，化干戈为玉帛。仇焱之为人处世的老辣和手腕可见一斑。

这是小女子听到的一个版本，未知真伪，仇焱之的故事，坊间流传甚多，不乏杜撰之说。

清康熙"御赐纯一堂"青花过枝翠竹丹凤纹斗笠杯内壁和底部

　　成化斗彩鸡缸杯传世现知仅存 14 只，仇焱之曾珍藏过 4 只。他生前只售出过 2 只，或许其中一只就是 2014 年 4 月 8 日经香港苏富比以 2.81 亿港元被刘益谦竞得，创中国瓷器售价的世界纪录。接受电话委托帮刘益谦举牌的正是他的孙子仇国仕，这是小女子在拍卖现场亲眼目睹的。

　　收藏甚丰，且多精品，以收藏为主，买卖为次，这是仇焱之的收藏经营之道。仇焱之生前，曾在 1979 年卖给上海博物馆 167 件瓷器。仇焱之 1980 年病逝于瑞士，所有庋藏由裔嗣交苏富比拍卖公司在香港、伦敦分别拍卖。1980 年春季及秋季拍卖其 175 件藏品。1981 年及 1984 年又分别拍卖其收藏的古玩精品。这些拍卖曾经引起极大的轰动，盛况空前，并从此掀起了中国艺术品在国际市场上的拍卖高潮。

　　经过这几场拍卖，仇焱之生前搜集的精品，大部分都释出散佚了。2014 年 5 月，这一场香港苏富比的"仇焱之收藏的把玩器物"应是最后一个仇焱之专场了。

　　"时至今日，祖父的旧藏仍是苏富比专题拍卖的亮点。"时任香港苏富比拍卖公司器物部主管的仇焱之孙子仇国仕，在介绍"仇焱之收藏的把玩器物"专场时是这样说的。祖父收藏的把玩器物，由其亲孙子主持拍卖，真有意思。中国有句古话"崽卖爷田心不疼"，时代不同了，而且他孙子早就全盘洋化了，想来不会有故国之思、故物之念了。《红楼梦》里王熙凤说"大有大的难处"，家族裔嗣财产的事情，外人哪得知晓。小女子不费这个心去无端猜想了，只是觉得：这个专场是由他亲孙子掌眼操持，以苏富比的品牌和仇国仕的声望，本专场器物当然是货真价实的仇焱之把玩物无疑了。

这场"仇焱之收藏的把玩器物"专场拍卖，我非常关注。因为前面那几场轰轰烈烈的仇焱之专场拍卖时，小女子还在幼儿园拍着小手唱"氹氹转，菊花园，炒米饼，糯米团，阿妈叫我睇龙船"自然无缘参加了。这一场拍卖会，总算揪住条"青春的尾巴"了。一页一页地细看图录，没想到的是，拍品里竟有对"御赐纯一堂"款识的青花过枝翠竹丹凤纹斗笠杯一对。我就盯上了。

如前文所言，郎窑烧制的时间是康熙四十四年（1705年）四月至康熙五十一年（1712年），也就是短短的8年，而烧造署写"御赐纯一堂"款之私物，仅得3年。所以郎窑私器是存世极少的，但世人对除郎窑红之外的其他郎窑器关注并不足够。

这个专场里，还有10幅扇面古画，有蓝瑛、文彭的。以仇焱之眼力之精、瓷画双修的本领，这些古画当然是对的，而且这是个器物专场，不是书画的专场，应该不会引起书画藏家的关注，看来小女子还可以顺手捡几幅明代名家书画了。

开拍前10分钟，我忽然看见广东东莞的大藏家卢庆新先生，带着四五个人进来了。糟了！卢总是书画收藏的大藏家，在拍卖场屡屡挥金如土，脸不变色，是我

| 著名收藏家卢庆新（右）与冯玮瑜合影

很佩服的人。我跟卢总在拍场上交手多次，一次是苏富比上拍一件傅抱石的，只有一平尺多，但极精，底价是 50 万港元，我一直举到 250 万港元，结果 280 多万港元才落槌，卢总竞得。另一件是杨之光的《家家都有读书声》，尺幅为 2.8 平尺，香港苏富比上拍，底价才 10 多万港元，因为我也收藏有数十张杨之光作品，这张是我没有的题材，就也参加竞拍了。没想到后来又是我跟卢总二人之争，一直举到 150 多万港元，这远远超过杨之光当时的市场价，正常也就是二三十万港元（因为不是裸女，杨之光的裸女画会贵一些），我又被卢总打败了。这个价格也创了杨之光书画价格的纪录，这个纪录至今未破。

类似这样的交手有过多次，惺惺相惜，我们一直是好朋友。我一直很尊敬和佩服卢总在拍场上舍我其谁的气概。卢总曾对小女子说："广东现在真正自己出钱搞收藏的只有两个人，一个是你，另一个是我。其他的不是帮老板掌眼当买手，就是转手买卖的行家。"卢总是大藏家，固然是大手笔，小女子只是喜欢而已，怎可同日而语。

果然，小女子看中的蓝瑛、文彭等几张扇面，又是被卢总高价抢去了，前一口往往就是小女子的。后来我去东莞拜访卢总，还专门看过那几张失之交臂的名画，还为此事专门问他，怎么会关注仇焱之器物专场里面的东西？卢总说他一向没留意古董器物的拍卖，只关注书画，原先也不知道苏富比这个专场里面还有明人扇面，只不过前一天晚上跟香港苏富比书画部总经理张超群先生吃饭时，张超群介绍说"仇焱之这场有几件书画好东西"所以就过来了。被卢总横刀夺爱，真的不是你的东西不入你门，没办法，收藏是要讲缘分的。

失之东隅，收之桑榆。名画被卢总抢去了，后面这对郎窑青花斗笠杯就更不容有失。其实从一见到这对杯子起，小女子就下定决心：这对杯子非我莫属，绝不作他人之想。

天遂人愿，经过激烈竞争，这对郎窑私家名器斗笠杯终于让我稳稳当当地拿下了，比底价高出 4 倍多。

"月中丹桂连根拔，不许旁人折半枝。"这是有关于明代广东状元伦文叙的诗句，也是小女子那一刻的心声。

（三）

这对青花斗笠杯是由仇焱之收藏把玩过，由香港苏富比以"仇焱之收藏的把玩器物"专场释出，可算流传有序，是非常重要的郎窑私物，为我们窥知郎窑私物之面貌提供了极为难得的参考。

依据上海博物馆陆明华先生与香港中文大学文物馆林业强馆长二人之考证，"纯一堂"系康熙四十二年（1703 年）康熙皇帝第四次南巡之际御赐给郎廷极的堂号，因是皇帝赏赐，故署以"御赐"二字，以示恩宠。《江西通志》记载："四十六年四月御书赐巡抚郎廷极'布泽西江'匾额及对联：'政敷匡岫春风满，会洽鄱湖澍雨多'。郎廷极并将四十二年为浙藩时御赐'纯一堂'及'清慎'二字皆钩摹悬诸厅事。"故"御赐纯一堂"款的使用不会早于康熙四十二年三月。自此"御赐纯一堂"成为郎廷极最为荣耀之身份象征，并篆刻为章，与翰墨相随，郎窑设立之后，又在郎氏自治瓷器之中开始使用。

| 清康熙"御赐纯一堂"青花过枝翠竹丹凤纹斗笠杯一对

"纯一"是指为人纯朴、单纯。汉代王充《论衡·本性》："初禀天然之姿，受纯壹之质，故生而兆见，善恶可察。"晋朝干宝《晋纪总论》："汉滨之女，守洁白之志；中林之士，有纯一之德。"郎廷极取此为堂号既有自勉之意，亦见其为官清廉之品行，正与"纯一"之义呼应。

根据现存实物可知，与此对杯类似的郎窑翠竹丹凤纹斗笠杯，见有青花与斗彩两种，分别为香港中文大学文物馆和北京故宫博物院典藏，亦见数例为私人收藏。

2017 年 5 月 29 日晚，我跟前香港中文大学文物馆林业强馆长聚会香江，谈起这对出自仇炎之旧藏的郎窑小杯，林馆长还记忆犹新，他说当时就建议香港某著名收藏家去收藏这对郎窑小杯，哪知最后还是落在你手里。

| 原香港中文大学文物馆馆长林业强与冯玮瑜合影

郎窑私物之前仅见"御赐纯一堂"和"御赐纯一堂、大清康熙年制"二款合一两种式样，此对杯是其中之一，实为不可多得的郎窑精品。此对杯正方倭角双框写款，与故宫博物院典藏近乎一致（参阅：《清顺治康熙朝青花瓷》，紫禁城出版社，2005 年，页 212、213，编号 131）。

此对杯俊秀轻盈，胎土精良，体薄质坚，釉色莹润，洁白如玉。青花发色纯净，清雅怡人。杯中内外壁以青花淡描一竹一凤，对称布设，里外相衬，相得益彰。一器之内翠竹凝春，丹凤鸣祥。所画翠竹丹凤，一静一动，饶添野趣。青花淡雅，纹饰清新，画笔清秀细腻，灵动秀逸。其布局别具巧思，翠竹于器足上攀，丹凤展翅，均延伸过壁至杯内壁，连续不断，使内外图案既独立成章又浑然一体，构思之精令人叹绝。此式装饰技法名曰"过枝花"。

此技法始见明末崇祯年间，官窑当中第一次使用仅见于雍正御瓷。而本品烧造于康熙后期，雍正之前，上承成化遗风，下开雍正青花风格的先河，当为雍正御瓷先声。此技法之应用非一般工匠所能为之，唯有画技出神入化者方能驾驭。凡运用此法者，皆品质非凡。

此杯设计匠心独具，精巧怡人，疏朗清雅，色妍而不俗，殊为妙品，执之甚适于心。

私人物件，能成对流传三百年，仍保存完整，完美无瑕，实属不易。

（四）

2016 年 1 月，我到北京故宫博物院参观"清淡含蓄·故宫博物院汝窑瓷器展"时，专门去故宫博物院古器物部拜访吕成龙老师。从故宫东华门进入，向右跨过一座汉白玉桥，进入几重院落，就到了古器物部。

记得第一次去故宫拜访吕老师，那是一个炎热的下午，东华门内也没有遮天蔽日的大树遮阴挡阳，吕老师顶着烈日，专门从古物研究所走过白玉桥来接我，令小女子非常意外，也非常感动！吕老师是著作等身的大专家、大学者，我只是个来请教的小字辈，何德何能，要老师在烈日炎炎之下走这么远来接我。人们常说越是有本事的越谦逊待人，果是所言不虚。后来与吕老师常有接触，每当我请教他时，吕老师总循循善诱，诲人不倦。后来我多次到故宫向吕老师请教，熟门熟路，就径自去吕老师办公室，不用吕老师走那么远出来接了，但吕老师每次都会站在门口接我。每次送我，不是仅仅送出门，而是一直要

| 吕成龙（左）与冯玮瑜在故宫博物院古器物部合影

送出院子。吕老师不但知识渊博，而且平易近人。故宫里面真正的专家，确是不一样。

这次拜访吕老师，小女子特别请教吕老师"御赐纯一堂"款识问题。吕老师把他的资料调出来对比，果然是一致的。

2016 年 9 月 4 日，中国嘉德国际拍卖有限公司陶瓷部负责人于大明总经理、张迪经理来广州我家做客，于总是老熟人，他每次到广州，我们总会见面聚聚。张迪经理认识更久了，不过她当妈妈后，因孩子还小，这一两年较少离开北京，这次和于总一起南来广州，除了征集作品，还顺便带了几件秋拍即将上拍的瓷器让我先睹为快。瓷器是我们离不开的共同话题，小女子拿出了这对郎窑小杯一起欣赏，于总和张迪经理都称赞不已。

| 中国嘉德陶瓷部总经理于大明（中）、张迪经理（左）与冯玮瑜合影

郎窑器名声很大，但大多没留款，如郎窑红器，就是没有款识的。也许当时是为了仿明代宣德红而故意不落款，而郎窑器不仅仅只是郎窑红，还有郎窑绿等器，只不过郎窑红是最出名而已，没有落款就会带来后世对郎窑器辨别鉴定的困难。现在有专家、学者深入研究，已通过辨别出某种"大清康熙年制"的落款写法，确定哪些是郎窑器。吕老师对郎窑器的研究也很有心得和成果。

小女子手上这件郎廷极私人用器，落"御赐纯一堂"私人款识的，传世不多见。而且是经过仇焱之的递藏，苏富比的拍卖，更是难得。

当我把这对青花斗笠杯拿出来把玩时，想到三百年前一个堂堂两江总督、漕运总督的朝廷高官烧制的私人用瓷，特别是本身也是督陶官的他，通晓窑务，自用瓷器是那么的精美漂亮，而三百年后我区区一个西关民女，竟也可以使用同一器皿，实有"旧时王谢堂前燕，飞入寻常百姓家"之感。

如果时光可以穿越，当我拿着这对小杯站在郎廷极面前时，他是否会把小女子当成是递茶送水的丫头呢？如果我举杯相邀他一起品茗赏月，他是否会欣然入座，闲话此杯烧造的因由？他是否会感叹："纵是曾经金玉满堂，抵不过曲终人散，繁华落尽，镜花水月梦一场。"（摘自《红楼梦》）

时光荏苒，沧海桑田，是非成败转成空，这对小杯，得有心人持护，才可完美流传三百年，今日在小女子手中，依旧完好如初，清雅怡人，它旧日的主人，已渐行渐远。

往事如烟俱往矣，数风流人物，还看今朝。

玮瑜谈收藏与理财

收藏需要投入资金，回报也令财富增长

常有人说：收藏是发自内心的喜爱，是精神的享受；而理财则是算计、功利的，不能把高尚的收藏沦为世俗的理财。好像一谈到收藏就"高大上"，若把收藏与理财关联起来，就充满铜臭味，就俗不可耐，与收藏格格不入。

一家企业要想长久，必须保持现金流，一个只投入不产出没有盈利的生意，无论怎么意义重大、如何高尚，连自身都生存困难，怎能长久？怎样弘扬意义重大的事业？

皇家生产御窑瓷器，可以不计成本地追求尽善尽美，因为它有庞大的帝国财政作支撑。而作为个人的收藏爱好者，资金总是有限的，除了发自内心的喜爱来进行收藏外，为什么不能把收藏作为一种理财方式？不可以快乐地进行收藏呢？难道非要苦行僧般节衣缩食去收藏才是正道？为什么我们不可以一边收藏，一边把它当成是理财的一部分，寓快乐于收藏，寓收藏于理财，在享受文化盛宴的同时，也获得经济效益，带来收藏理财双丰收呢？

"食色，性也"，现代社会、网络时代，观点要与时俱进，大可不必遮遮掩掩，羞于谈钱。我们可以大大方方地说：收藏也是理财的一种方式，正如投资股市楼市一样，只不过更多了一份文化内涵，增加了生活情趣。

人们知道郎窑，是因为郎廷极主持窑务时烧制了著名的"郎窑红""豇豆红"、仿宣德青花、仿成化青花斗彩、仿永乐甜白釉等瓷器，达到仿古暗合，与真无异的程度，代表了康熙晚期景德镇瓷器制作的最高水平。

　　能够精致生活，必然有一定的财力基础，郎廷极作为江西巡抚并主持窑务，有一份丰厚的朝廷俸禄支撑其奢华生活，加上他深谙艺事，熟悉窑务，郎窑瓷器享有大名，其私人用瓷，自是精致不凡。可惜传世的郎廷极私人用瓷器，并不多见，流传有序的更罕有。我收藏这对郎窑杯，因为它是从仇焱之专场释出的，来源可靠，"御赐纯一堂"款经过考证，确实是郎廷极私家瓷器所用印款。此器物本身极为精致，赏心悦目，可赏可藏，难能可贵。

　　精致的生活需要财力作支撑，做好收藏也能增加财力。

第 8 章

胭脂如醉

一件
清雍正胭脂红釉杯
入藏记

TALES FROM CHINESE COLLECTIONS

藏品：胭脂红釉内粉彩折枝
　　　花卉纹小杯
年代：清雍正
款识：无
尺寸：口径 7.6 厘米

来源：塞缪尔·普特南·艾佛利（Samuel
　　　Putnam Avery，1822-1904年）旧藏
　　　美国大都会艺术博物馆旧藏
　　　佳士得纽约2016年9月15日
　　　"美藏于斯——大都会艺术博物馆珍
　　　藏中国瓷器"专场　编号924

2016年9月，著名收藏家冯玮瑜收藏

　　这只小杯，外壁通施浅粉的胭脂红釉，质润如苏，仔细审视，微见吹釉所致的
渍点，点状小且细密均匀，可见当时工匠是将竹管蒙上细纱，多遍吹釉，将浅粉的
胭脂红釉吹至器表，故釉色娇媚柔丽，若美人面庞。杯内壁及足底施白釉，釉层莹
润白皙，有玉质感。杯内底粉彩绘画二朵月季花。

美国纽约大都会艺术博物馆要开仓放货拍卖馆藏中国古代瓷器了！这个震撼性消息传出来时，瞬间席卷国内外各大艺术论坛，刷爆微信朋友圈。

真令人难以置信！

美国纽约大都会艺术博物馆是美国最大的艺术博物馆，也是世界著名博物馆。它是与英国伦敦的大英博物馆、法国巴黎的卢浮宫、俄罗斯圣彼得堡的艾尔米塔什博物馆齐名的世界四大博物馆之一。它竟然要卖馆藏的中国古陶瓷！

（一）

当这场拍卖的部分拍品在香港作预展时，我们才相信这竟然是真的！一直以来，海外博物馆的藏品只是专家、学者、收藏者研究的对象，而非可以上手把玩欣赏之物，以往那些高不可攀的展品，竟有可能成为自己的藏品。梦想即将变为现实，这是多么激动人心的消息！

这是美国纽约大都会艺术博物馆自 1880 年开馆以来破天荒公开拍卖的百年珍藏。很多拍品传承自 20 世纪美国历史上最显赫的家族旧藏，如摩根家族与洛克菲勒家族。此外，还有来自博物馆第一代赞助人的捐赠品。

佳士得纽约专家玛格丽特（Margaret Gristina）介绍："大都会处理藏品主要是为了丰富其购买资金。这批501件的作品都是大都会自己挑出来的，大多是因为博物馆里已经有了重复的作品，或者品相存在缺陷，又或者质量上不符合大都会收藏瓷器的标准。"

这就让有些藏家犯难了。除部分康雍乾瓷器外，大部分藏品品相一般甚至有瑕疵，但来源正宗，有良好的递藏历史。值不值得出手竞购呢？

以小女子眼光看：以大都会的藏品标准，已经是水平极高，作为其建馆140多年来首度出售中国古瓷器，怎会缺乏诱惑力？在501件藏品里面，怎会没几件适合自己的呢？例如在香港预展的那几件，就令人惊艳不已。而图录的封面那几件豇豆红，灿若云霞，引人遐思，国内收藏界更是赞叹声一片。

"佳趣雅集"的召集人、自乐堂堂主张志大哥在微信群转发了一条微信："有位叫'xxx'的兄台已看中了图录封面那个豇豆红釉菊瓣瓶，志在必得，现在先在群里打个招呼，有哪位有异议不服的，请先沟通那位兄台。"

微信一发，犹如广发英雄帖，看看谁与争锋？

举目所见，侧耳所闻，人人摩拳擦掌，个个磨刀霍霍，华山论剑，只在今朝。

小女子到北京拜访张志大哥，即将开始的这场大都会艺术博物馆拍品是绕不开的话题。张大哥推荐编号为927的雍正淡粉釉小盘说："那件釉水多好啊！我是多么喜欢啊！但我应该拍不到了，你去拍回来吧。"

"既然您那么喜欢，为什么不自己拍下呢？"

"唉，我现在做古董生意，作为一个古董商，与一个藏家是不一样的。古董商每买进一件东西，都要考虑它的市场价，考虑回来后能否卖出，高一口价也不会要，所以看见好东西，只有羡慕的份。你是藏家就不一样了，你是玩的，高几口价没所谓，我是做生意的。所以，我举不到时，你应加几口价拿下来。那胭脂红釉水多好啊！应该是像你这样的藏家拿的。"张大哥一边说一边叹气，一副秦琼卖马、英雄无奈的表情。

小女子对于收藏是信马由缰，拍得到固然可喜，拍不到也无妨。收藏本是开心的事，也是水到渠成的事，要看与拍品有没有缘分。就像琵金顿专场那只宣德孔雀蓝小盘，小女子举到 420 万港元也没有拿下来，仅仅就差一口价，它就成了别人的藏品。可知我为了这件宣德孔雀蓝小盘事前下了多少工夫，查了多少资料，但不是你的就不是你的，就差一口价，眼睁睁地看着它成了别人的新娘……这样的事经历多了，胜固欣然，败亦可喜。小女子早已云淡风轻，不戚戚于一时一物。这件淡粉釉小盘在香港预展时我也上手看过，万分喜欢，毕竟已经上过手了，于心已安。人生百年不过一瞬间，再伟大的收藏家不过是暂得而已，过手已是幸福。拍卖时能否拿下，随缘而已。我更希望张大哥能拿到，宝剑赠烈士，红粉送佳人，天遂人愿，这样世界才美好。

既然大家都关注豇豆红瓷器，小女子就成全别人。在香港预展里，小女子上手的淡粉釉小盘路份极高，釉色浅浅，如美人敷粉，胭脂似水，煞是可爱。所以小女子就决定剑走偏锋，放弃豇豆红，意在胭脂红。

胭脂红釉内粉彩折枝花卉纹小杯

（二）

胭脂红釉是康熙晚期创烧的一种釉色。它的出现，与康熙朝时西方传教士把珐琅彩瓷引进清宫，受到康熙皇帝的重视，甚至进一步想要研发、超越有关。台北故宫《金成旭映——清雍正珐琅彩瓷》对胭脂红釉的产生作了详细的分析说明。

胭脂红不同于铜红和矾红。胭脂红是一种含金的釉料，其颜色是带有紫色调的粉红色，因此也常被称为金红。由于此色极像美女涂抹嘴唇的胭脂，十分娇艳迷人，所以又称为胭脂红。

当浓度较淡时会呈现粉红或桃红色，当浓度较大时则会呈现紫红色。在官窑瓷器上因配方、施釉方法、烧制情况不同，胭脂红会呈现不同的颜色。由于含金量的多寡，造成呈色的浓淡之别，含金量越高，胭脂色越浓。故有胭脂水、胭脂红、胭脂紫之分，当然胭脂紫颜色最浓郁深沉，而胭脂水则最粉嫩淡雅。

胭脂红本是由荷兰人卡西亚所发明，公元 1680 年才开始应用于瓷器绘画，直到 1682 年（康熙二十一年），才开始引进在御窑器上使用。当时称其为"洋彩"，又被称为"洋红"，最早是作为珐琅彩颜色之一，到雍正、乾隆时成为名贵的单色釉品种。胭脂红釉是一种低温釉，在烧成的白瓷器上用吹釉工艺将含金的釉料吹上去，然后在 800℃ 左右低温中烧制成功。

由于康熙晚期、雍正早期胭脂红是进口的，且须掺入黄金，当时就十分昂贵，故胭脂色只能烧制小件的单色釉瓷。

康熙、雍正两位皇帝锐意创烧国产的胭脂红釉，康熙晚期的国产胭脂红釉尚处于试烧期，雍正时期的胭脂红釉已获得成功。由于雍正本人品位高雅，故雍正朝的胭脂红颜色艳丽异常，非常漂亮。

雍正十三年（1735 年），督陶官唐英所撰《陶成纪事》中记载当时岁例贡御的 57 种釉，彩瓷器中即有"西洋红色器皿"。从传世品看，雍正朝胭脂红釉瓷器造型有瓶、罐、盘、碗、杯、碟等，均胎体轻薄，玲珑俊秀，多数为内白釉，外胭脂红釉，极少数为内外均施胭脂红釉。

柔情似水，佳"器"如梦。作为一个年轻还有点追求的女性，小女子对这种如梦如幻般美艳的釉色当然是格外喜爱，特别是淡粉如胭脂水的瓷器。"杏花着雨胭脂透"，美艳不可方物，"既见君子，云胡不喜"。

小女子认为：胭脂红釉器只有作单色釉，才能把其釉色的漂亮美艳发挥得淋漓尽致，而一旦用作色地，再衬以洋彩图案，便如绝色美人罩了一件百衲衣，简直是暴殄天物。本来就是人间绝色的釉彩，偏偏弄出杂七杂八的诸般颜色混在一起，简直是由清入俗。正如《红楼梦》里贾宝玉所言："女孩儿未出嫁，是颗无价之宝珠；出了嫁，不知怎么就变出许多的不好的毛病来。"

胭脂红为高级釉种，一般用在上等薄胎白瓷上。清三代时为官窑制品，康熙朝传世物已十分罕见。雍正、乾隆二朝官窑器较康熙朝多，但仍属珍稀品。清三代胭脂红釉器用高级白釉瓷为加工对象，以吹釉技法在器外施釉，釉层虽薄，但吹施均匀，无"雪花"瑕疵，有的釉面仅有些许微吹釉渍点。

胭脂红釉瓷器，以雍正朝的最为漂亮。嘉道以后官窑瓷器生产江河日下，名贵的胭脂红也呈色如路人，康、雍、乾时期的华贵之气丧失殆尽。

（三）

记得 2015 年 4 月 7 日，香港苏富比举办了一个"雍正"专题拍卖，其中编号 117 的一只"雍正年制"款胭脂红釉小杯，口径是 6.5 厘米，拍出了 404 万港元。我虽有参加举牌竞价，但并没有竞得，而雍正御窑胭脂红釉色之美，从此牢牢地留在小女子脑海里。

这次大都会博物馆释出的旧馆藏，里面就有相当不错的 4 件胭脂红釉器——收藏的机会再次来临。

这 4 件胭脂红瓷器，见该场图录 924 清雍正淡粉釉内粉彩折枝花卉纹小杯、925 清雍正胭脂红釉暗花龙纹茶碗、927 清雍正淡粉釉盘、928 清雍正胭脂紫釉暗花龙纹茶碗。

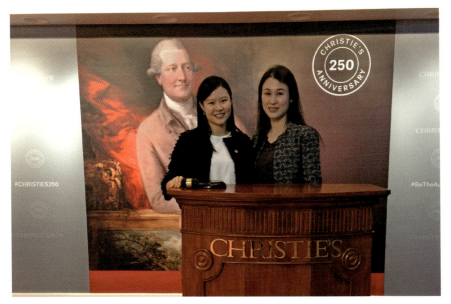

| 佳士得（香港）中国瓷器及艺术品部专家唐晞殷（左）与冯玮瑜合影

胭脂红釉内粉彩折枝花卉纹小杯内外壁

| 2016 年秋佳士得纽约大都会专场拍卖现场

　　我请佳士得的唐晞殷小姐，联系佳士得纽约发 924 和 927 的《品相报告》给我。唐小姐还请佳士得的资深专家连怀恩先生，把这两件拍品从多个角度拍下照片发给我。连先生在微信中说："924 非常不错，口沿下有点小剥釉；927 也是非常不错的拍品，实物颜色比图录上的淡一点，应该会拍得蛮高。"另外连先生还特意推荐 928 胭脂紫釉茶碗，他说："928 你虽然没有下标，但我们极力推荐，非常精致且品相好，玫茵堂那件卖了超过 250 万港元，可以试试举至美金 20 万。"

　　从善如流，小女子就三件都一起下了委托。

　　竞拍也是讲策略的，小女子是这样预设的：在 4 件里 924 因没有款识，所以估价较低，也许没人注意到它的内蕴价值，我是做了功课的，知道它的不凡出处。924 先于其他几件上拍，所以拍卖时应先全力拿下这一件，确保有一件拿到手后，就可以看着现场出价情况再去争抢其他两件。如果第一件 924 拿不到，则拼力拿下第二件；第三件估计会拍出非常高的价格，未必抢得到。总之要保证至少有一件成功竞得。

果不出所料，与预设的一样，924 只比估价高了 10 倍的价格，就让小女子拿到了。

而 927 我在举到 20 万美元后放弃，最终成交价为 30.5 万美元。

928 最终以 67.7 万美元成交，小女子也没有竞得。

幸好，拿到了 924 清雍正淡粉釉内粉彩折枝花卉纹小杯。

其他人可能没注意，这件淡粉釉小杯是大有来头的。它是著名大收藏家、古董商塞缪尔·普特南·艾佛利（Samuel Putnam Avery，1822-1904 年）的旧藏。

艾佛利是纽约大都会艺术博物馆的创馆信托人之一，同时也是一位非常活跃的收藏家兼艺术品顾问。他曾出任 1867 年巴黎世界博览会的艺术专员，遍游欧洲各个著名画廊、艺术工作室、古玩店、拍卖行，交际广泛。大约从 1880 年左右开始，美国掀起了一股追崇东亚（主要是中国与日本）艺术的风潮，艾佛利很显然是其中一员。他对富有装饰效果、色彩明艳的明清瓷器情有独钟，这也是当时收藏界的主流。

1879 年，成立仅 9 年的大都会博物馆第一次购入中国陶瓷，就从艾佛利手中购入 1300 多件陶瓷，其中大部分是中国明清瓷器，这件或许是其中之一。

竞拍这只小杯前，我并没有上手见过实物。凭着热情，凭着喜欢，凭着梦想，凭着对专家的信任，凭着良好的流传记录，小女子就大胆地举牌了。但照片跟实物，二者的色彩可能会有色差，特别是单色釉器，欣赏的就是釉色，万一……

按图索骥，心里还是有点忐忑。

当我在佳士得香港提货验看时，打开包装，风华初现，霎时如光风霁月一般，满室惊艳。唐晞殷小姐惊叹道："实物比图录上漂亮多了，釉色粉嫩，太漂亮了！"

"金风玉露一相逢，便胜却人间无数。"

是的，单色釉有时因图录印刷的色差，未能反映出实物的真正釉色。正像这件胭脂釉小杯，图录偏紫色，而实物呈色粉浅，粉嫩如三月桃花，煞是诱人，"胭脂耀眼桃正红"，小杯如淡抹胭脂，俏丽明艳，娇嫩欲滴，楚楚动人。"北方有佳人，绝世而独立。一顾倾人城，再顾倾人国。宁不知倾城与倾国？佳人难再得！"

清末《陶雅》一书曾大赞胭脂红釉："华贵中之佚丽者也，釉质匀净明艳，殆亡伦比。紫晶逊其鲜研，玫瑰无其娇丽。"

这只小杯外壁通施浅粉的胭脂红釉，质润如苏，仔细审视，微见吹釉所致的渍点，点状小且细密均匀。可见当时工匠是将竹管蒙上细纱，多遍吹釉，将浅粉的胭脂红釉吹至器表，故釉色娇媚柔丽，若美人面庞。杯内壁及足底施白釉，釉层莹润白皙，有玉质感。

此杯还有特别之处：杯内底上以粉彩绘画二朵月季花。我原来以为是牡丹花，可经过吕成龙老师看过后，他认定应是月季花。吕老师还详细介绍了瓷器里牡丹、芍药、月季画法的区别，让小女子受益匪浅。两朵月季绽开盛放，花瓣釉彩深浅有致，六片玻璃质感的青翠绿叶环绕红花，红绿相衬，美艳无双。精细的绘画已然增色，巧妙的构思更添妙趣，而粉彩月季更是雍容华贵。

胭脂红釉内粉彩折枝花卉纹小杯外壁

此类单色胭脂红釉器皿多以釉色取胜，故器表一般光素无纹，如本杯在其内装点粉彩图案者则十分少见，如此既不破坏单色釉之纯美，又能稍加点缀以达奇效，尤为珍稀。

此杯圈足底,底内无款。这个无款并非是缺陷,恰恰相反,这是见证了康熙、雍正两代帝王在清宫试制胭脂红釉的一段历史。

在康熙晚期，胭脂红釉的出现给清宫彩釉瓷器造成极大的冲击。胭脂红釉是中国制瓷史上从未出现过的釉色,因胭脂红是进口的,价格非常昂贵,即使在御窑厂也不能普及使用，只是作为珐琅釉的一种颜色。康熙、雍正两位皇帝锐意创新，冀望能创烧出属于中国本土的珐琅彩料，他们在宫中造办处珐琅作坊，试烧胭脂红釉。

|《金城旭映》封面及内页

台北故宫的《金成旭映——清雍正珐琅彩瓷》一书，详细说明了康雍二帝创烧胭脂红釉的过程。书中同时提到，台北故宫存有同样没有底款、外胭脂红釉、内底珐琅彩釉的小杯（见该书第 280 页及图 17、图 18、第 311 页与图 33，并第 348 页与图 7）编号为"故瓷 007280"。

据台北"故宫博物院"器物处余佩瑾老师撰写的《传承、突破与转折——清雍正朝珐琅彩瓷器的发展》一文中，特别提到上述小杯："同样两件内里施白釉，外罩胭脂红彩的酒圆（插图 17、插图 18），因能与雍正二年怡亲王拿酒

|《金城旭映》内页

圆试烧画珐琅，和雍正四年雍正皇帝表达不喜欢酒圆外底施彩的记事相呼应。该两件作品使用康熙朝以来的施釉技法施彩，致使器表彩料深浅不匀。特别是其中一件内底还见有红、绿两色珐琅彩料画成的折枝花卉，其笔法细致、风格秀巧，近似雍正朝珐琅彩瓷的装饰风格，同时施于器表的粉红色也含金等。这显示该两件胭脂红彩酒圆亦当属于研发金红彩下的产物。"

而台北故宫登录保存处王竹平老师，在《金红彩料在康雍时期珐琅彩的使有情形》一文中，也以上述小杯作为例子之一："说明当时西洋金红彩与中国金红彩可能共同在宫中使用与试烧的情景，也更说明受到西洋金红彩刺激，清宫积极发展中国金红彩的意图与试验成果。"

小女子竞得这只无款胭脂红釉小杯，与台北故宫"故瓷 007280"大小相似，器型略有差异（故瓷小杯是直口，小女子藏杯是敞口微侈），两只小杯装饰风格一致，俱是圈足底，无款，有可能是同期烧造的，都是雍正早年研发试烧的御制产品，存世极为珍稀。

作为单色釉瓷器的一代名品，胭脂红釉得到康熙和雍正两代皇帝的青

睐与关注，并在皇帝的督促下达到烧造顶峰水平。外胭脂内粉彩花卉的器皿传世并不多见，这只小杯，不但可以佐证康雍二帝研发创烧胭脂红釉的历史，且可以填补试烧实物之阙如，意义非凡。

此外，这只小杯的不凡身世，也再次揭开了美国纽约大都会艺术博物馆傲人的收藏史以及 20 世纪"黄金时代"美国巨贾豪们前赴后继、一掷万金收藏中国陶瓷的传奇。它的身上蕴含着丰富的历史信息。

（四）

好的出身和传承不仅是收藏时考虑的一个重要因素，而且本身就是一种文化积淀。能拥有一件大都会艺术博物馆的完美旧藏品，堪称百年不遇的机缘与殊荣。小女子探骊得珠，幸甚幸甚。

另外，2013 年 5 月香港苏富比拍卖会，也上拍了一对"清雍正外胭脂红釉内粉彩牡丹纹碗"，其碗足底同样是白釉，无款识。见该拍卖会图录 2108 号，成交价为 93 万港元。

清中期《南窑笔记》中记载："今之洋色则有胭脂红、羌水红，皆用赤金与水晶料配成，价甚贵。"

由于《金成旭映——

广州市文物总店原总经理曾波强（右）与冯玮瑜合影

清雍正珐琅彩瓷》说台北故宫所藏"故瓷 007280"小杯内的折枝花卉是画珐琅，而大都会旧藏这只，小女子看绿叶呈玻璃质感，依稀似画珐琅，但花卉的红彩，觉得还该是粉彩。我请教一起观赏此杯的广东省文物鉴定委员会会员、广东省文物艺术品行业协会副会长、广州市文物总店原总经理、著名陶瓷鉴定专家曾波强老师，曾老师认为："大都会这只杯的内底折枝花卉应该还是粉彩，佳士得图录所定义为粉彩是对的，而台北故宫所藏'故瓷 007280'没有上过手，不敢妄议。即使是一只粉彩，一只画珐琅，当时在试烧期间，两种釉料分别试烧验证一下也不出奇，况且粉彩当时也叫洋彩嘛。"

| 冯玮瑜在"中华传统文化澳门行"的论坛上做主题演讲

2016 年 12 月 20 日澳门回归十七周年纪念日，"中华传统文化澳门行"在澳门威尼斯人金光会展中心盛大开幕，"莲境论文·青洲论艺"学术论坛于次日隆重登场。论坛由国际行组委会和中国收藏家协会共同主办，中藏协国际艺委会、北京开放大学王培根教授作引题演讲后，中藏协国际艺委会主委王竹老师和我分别作主题演讲。论坛结束后，我作为国际行组委会的秘书长，设晚宴答谢中藏协多位专家老师。席间交流时，王培根教授和王竹老师提

出一种观点：不落款的雍正官窑极有可能是康熙驾崩、雍正接位那一年烧造的。根据现在所查到的清宫资料，那一年老皇帝驾崩、新皇帝接位，御制瓷器不能写款，因为不知写康熙还是写雍正好。所以这件没款雍正胭脂红釉杯，或许就是雍正接位那一年烧制的，毕竟造办处珐琅作坊就在宫内，最懂规矩。这也跟胭脂红釉创烧年代相一致。

中藏协国际艺委会主委王竹（左）与冯玮瑜合影

此胭脂红釉小杯造型秀美，小巧玲珑，娇媚柔丽，是瓷器中的美人儿。凝视小杯，如见美人，巧笑倩兮，美目盼兮，美艳不可方物，我虽为女子，也看得如痴如醉。卿本佳人，天生丽质，如果小女子捧着小杯，请名家作画一幅，岂不是现代版的"二美图"吗？——"雨湿胭脂脸晕红"，不见得输于雍正的十二美人图。

"三千年读史不外功名利禄，九万里悟道终归诗酒田园"，在这个浮躁的功利时代，渴望诗意和美好的心灵该如何安顿？

万事不如杯在手，一生几见月当头。

自得堂前二美在，胭脂如醉人长留。

稀缺性与回报率是正相关的

当我们投资股市的时候，马上就会想到绩优股、成长股、重组股等概念，各人会根据自己的风险偏好作出不同的选择；当我们投资房地产时，我们知道"北上广深"这四大一线城市，与二三线城市有着极大的差别，即使在"北上广深"，地段、户型（别墅与洋房）、朝向不同，也存在很大的价差，在同一时期投资不同的物业，其回报率差别极大，我们会根据自身的能力作出不同的选择。

收藏也是一样的，它存在着不同的朝代、不同的器物、不同的出处（博物馆旧藏、大收藏家旧藏）、不同的流传记录或展览……这些因素都会影响到市场的定价。例如乾隆皇帝收藏过的字画（《石渠宝笈》注录）就是市场的硬通货，随便一件都是过千万元；乾隆皇帝收藏过的瓷器（底有刻御题诗）也是市场上非常抢手的拍品。仇焱之旧藏、玫茵堂旧藏、临宇山人旧藏……这些专场拍得火爆异常，成交价往往比同类型的拍品高出很多，为什么会出现这种现象？只有一个原因：名家旧藏。同样素质的艺术品，市场不见得没有，但皇帝或著名大藏家收藏过的就这些了，而且皇帝或大藏家入藏前，已经审验过，等于帮我们把过一次关了。

胭脂红釉是康熙晚期创烧的品种，传世稀少，仅见小盘、小碗、小瓶等小巧秀丽之器，釉色妍美，惹人喜爱。

我收藏这件胭脂红釉杯时，刚好碰到了一个非常好的时点，它原是纽约大都会艺术博物馆的旧藏，这是大都会博物馆近百年来因资金紧缺首次释出拍卖馆藏中国古瓷器。这种级别的馆藏中国古瓷器将来有没有第二次拍卖还不知道，因为在经历了数月的质疑和争议之后，饱受非议的纽约大都会艺术博物馆馆长托马斯·坎贝尔（Thomas P. Campbell）于 2017 年 3 月 1 日已宣布辞职，给大都会艺术博物馆留下 4000 万美元赤字。

这只胭脂红釉杯，品种稀少，来源好，"真精稀"都占全了，还有大都会博物馆的百年馆藏记录，从投资的角度看，未来当然可以期待。

第9章

西风东渐

一件
清雍正黑地洋彩
缠枝花卉纹盘
入藏记

藏品：黑地洋彩缠枝花卉纹盘
年代：清雍正
款识：双圈六字二行青花楷书
　　　"大清雍正年制"
尺寸：直径16.2厘米

来源：佳士得伦敦2011年8月11日
　　　Lot433号
　　　北京荣宝2012年5月20日
　　　1540号

2012年6月，著名收藏家冯玮瑜收藏

　　此盘纹饰新颖别致，色彩浓烈，具有浓厚的西洋气息，与欧洲巴洛克装饰风格十分相近，其纹饰、色彩与清宫传统彩瓷的装饰风格大相径庭，应为雍正时期宫庭西洋之风渐行的具体反映。

说起荣宝斋，喜欢中国艺术品的人大多知道。

2012 年 6 月 3 日，北京荣宝拍卖有限公司的春季拍卖会在北京亚洲大酒店进行。荣宝斋的大名就听得多了，北京荣宝拍卖是荣宝斋下属的拍卖公司，一脉相传，想必也是不错的。

（一）

第一次去参加北京荣宝拍卖，我是特意去的。起因记得是因为在新浪收藏网上，荣宝拍卖发布一些拍品图片和介绍文章。一件拍品配一篇文章，图文并茂，写得不错，引起了我的关注。荣宝斋大名听得很多，它的拍卖怎么样？带着一点点好奇，我就专门飞往北京去看看荣宝拍卖会。

拍卖会在北京亚洲大酒店举行，亚洲大酒店在北京工体北路，在机场打个出租车，不用费什么心思就到了。荣宝拍卖规模虽比不上嘉德、保利，但也是书画、瓷器、钟表、杂项等门类齐全，同样是综合型拍卖公司，它把酒店的二、三层展厅全包下来做预展，规模不小。

虽然是第一次去荣宝拍卖，荣宝拍卖公司的人我一个都不认识，但我十分淡定：我是准备来花钱的，认不认识人没关系，只要专挑贵的买，出错的机会就少。

预展看了一圈，我停在古董专柜，就挑了全场最高价的几件上手看。那天接待我的是荣宝瓷器部的老总任雅武先生，他一见我这个作派，马上把我请到展柜里面的嘉宾座位，陪我坐在那里慢慢细看东西。

荣宝拍卖瓷器部负责人任雅武（左）
与冯玮瑜共赏瓷器

任先生人到中年，西装革履，头发梳理得整整齐齐，戴着一副金丝眼镜，一口京腔说得慢条斯理，一派专家风范，很容易让人产生信任感。

因为我是第一次接触荣宝拍卖，自然就会打听一下荣宝拍卖的情况。任总坦然相告："领导没给瓷器部压任务，瓷器部是前些年为了配合荣宝斋冲刺上市而设立的部门，为的是申请上市时拍卖公司的类别齐全，是个综合型拍卖企业。领导不求瓷器部赚钱，对其唯一的要求就是不能拍卖假货，不能砸了'荣宝斋'的牌子。荣宝拍卖既是国企，又对瓷器部没有赢利要求，所以他们挑拍品非常严格，抱着宁缺毋滥、力求精品的原则，专心保证拍品质量就行了。"

听任总这样说，我就放心多了。这些年参加拍卖活动多了，就怕有些拍卖行为了完成指标、任务、利润，真真假假都拿来上拍，鱼龙混杂的。人贵有自知之明，我自认为自己功力未到家，就从没想过去"捡漏"，反而乐意以稍高价格或行家们说的"未来的价格"买东西，所以我是会挑拍卖行的。在一个拍品大部分是开门货的拍卖会里挑东西，与在一个鱼龙混杂的拍卖会里去考眼力完全是两回事。在一个好的拍卖会，你不用提心吊胆，在开门货里舒心挑选好的。收藏是风雅的事，如果变得步步惊心，就没趣了。

每当我上手看器物的时候，任总静静地、耐心地坐在旁边一言不发，不打扰我。当我放下器物后，他才解说这件器物的来源、稀缺性以及器物欣赏点在什么地方。他边说边拿出一摞摞参考书，打开贴着纸做了标记的那一页，指出拍品是来源于海外哪场拍卖或曾在哪本书有著录，或某本书某件类似器物可作参考，看到我直流口水——不是拍品，更不是人，而是书本。我是嗜书如命的人，每晚不看书是睡不着觉的。那么好的参考书，我忍不住问任总："参考书可以卖给我不？"任总笑着说："参考书是荣宝的公物，不能卖的。"真是遗憾极了。

这场预展，我首先看中的是一对康熙黄釉对碗，它有几次上拍的流传记录，早在 1956 年就上拍过，而且黄釉正是我当时的收藏方向。

在我选定拍品后准备告辞时，任总专门拿了一只黑地洋彩瓷盘过来对我说："这件东西你值得认真看看。"

那是一只黑地洋彩小盘，雍正款的，款字清秀端庄，标准的雍正官窑器，造型俊秀优雅，胎体细腻紧致，口底施白釉，釉面肥润，糯细如玉。圈足旋修精细，呈泥鳅背状。外壁以黑彩

玮瑜说瓷
Tales from Chinese Collections

泥鳅背，指器物的足部与桌面接触部分（俗称足背）被修削成半圆形状，圆滑光润，类似泥鳅的脊背。这不仅需要艺人细心修削，而且需要使用能达到修足条件的胎泥才能做到。

为地，对称装饰两组共八朵花卉，有牡丹和西番莲纹等，以绿彩绘枝蔓，翠似碧玉；矾红画卷叶，灿若绛霞；花蕊点缀黄彩，妍如琥珀；花瓣则各有不同，牡丹施以蓝彩，西番莲施以矾红，色彩缤纷，设色繁缛却又自见章法，纹饰精美富丽，一器之中诸彩辉映，奇趣逸出，浓艳夺目。

该盘显得极致繁缛和奢华，颜色反差非常大，缤纷浓艳。但这与小女子向来喜爱的素雅风格南辕北辙，差距太大，不是我的收藏方向，它太妖娆了，我对任总说了自己的想法。

任总介绍说："雍正的黑地洋彩器，存世极为稀少，这是博物馆级的东西。有了它，你就是大藏家，你想想，博物馆级的藏品都在你手里了，多难得啊，所以建议你一并考虑这件，不要错过这次机会，真是难得啊。"

哪会这么容易当个大藏家？我又不是三岁小女孩，心中也明白王婆卖瓜、自卖自夸的道理。

"难道买下这个就成了大藏家？"

"那当然了！物以稀为贵，这件东西少见，还没有一点瑕疵，博物馆级的东西啊！"任总说得不容置疑。

他接着说："这可是佳士得伦敦出来的拍品，出身好啊！"任总边说边找出佳士得伦敦的拍卖图录指给我看。果然，盘上佳士得的标签与图录编码相一致。任总又拿出一本《清代康雍乾官窑瓷器〈望星楼藏瓷〉》，翻到第98页、图版33，那页也著录了一件清雍正黑地洋彩缠枝花卉纹盘。从图片上看，纹饰风格一致，花卉画法基本相同，但尺寸略小，只为15厘米。任总以此图作为参照物，继续介绍道：此黑地洋彩盘的绘画技法明显融入了西方绘画技法，是一件中西合璧的御窑精品，是一件雍正朝宫廷制瓷的创新杰作。这种黑地洋彩盘长期存于深宫且数量稀少，专供皇帝闲暇时玩赏，是极为珍贵的皇家艺术珍品，可谓"前无古人，后无来者，鲜艳夺目，工致殊常"。

我被说得有点心动了："你估计要多少钱？"

"这难说，拍卖价没个准，但没过百多万，恐怕拿不到。"

想到"藏有它就是个大藏家"了，虽然明知不是实话，但此话是那么入耳动听，小女子有点飘飘然了。毕竟是第一次到荣宝拍卖买东西，冲着任总悉心推荐的面子上，冲着"博物馆级的东西"的分上，冲着对"大藏家"的虚荣上，多买一件就多一件吧。反正"家里有粮，心中不慌"。

那场拍卖，经过激烈竞争，果真就拍下了两件东西：一件是"出身好"的康熙黄釉对碗，另一件就是这件"罕见的"雍正黑地洋彩缠枝花卉盘。

（二）

自此以后，我就没再见到有类似的雍正款黑地洋彩盘在苏富比、佳士得及荣宝拍卖会上露过脸了。中国嘉德在 2016 年春季拍卖会，曾有一件较小尺寸的墨地洋彩花卉小盘与其他三只各式小盘合成一个拍品上拍，底价160 万元起，小女子只想要这件墨地花卉小盘，嘉德小温说委托人要四件打包一起拍，不分拆。我说："最有价值就是这个墨地小盘，其他都不入我眼。"小温说："委托人就是希望搭着一起卖。"买猪肉搭猪骨，我就放弃了，这个标的后来流拍了。

2014 年香港苏富比拍卖有限公司秋季拍卖会，第 3643 号拍品黑地洋

清雍正黑地洋彩缠枝花卉纹盘

彩缠枝花卉纹碗，图录注明是清雍正。我上手看过，可惜器物上是没款识的，不太符合我的要求。因器物少见，我就抱着随缘而不追高的心态参加，不料很多人争抢，价格高出估价很多，我没拍到。

2014 年 5 月 18 日，中国嘉德春季拍卖会上，曾有一件编号为 3493 的清雍正黑地五彩缠枝番莲纹观音尊出现，来源也不错，是张宗宪的旧藏。我也上手看过，同样是没有款的，瓶口一圈怀疑轻微打磨过，起拍价格是 100 万元。我没有参加竞买。

可见，雍正款黑地洋彩瓷器是罕见的品种。那种浓烈的西洋风格，与中国传统风格确是大相径庭。黑地洋彩器物自雍正时昙花一现后，就消失于在历史的红尘里，成为绝唱。其原因与清王朝的"闭关锁国"政策有关。

顺治初年，清廷对来华贸易的外国商船，沿袭明朝成规，不许进入广州，只准于澳门交易；随后，由于东南海上郑成功抗清力量的存在，于顺治十三年（1674 年）下达"禁海令"，严禁商民船只私自出海，违者不论官民，俱行正法，货物入官。

康熙二十二年（1683 年），清政府收复台湾，次年（1684 年），开海禁。康熙帝称："先因海寇，故海禁不开为是。今海氛廓清，更何所待！"命令沿海各省将先前所定海禁处分之例尽行停止。

但在康熙五十六年（1717 年）复行南洋海禁。

雍正五年（1727 年），即南洋海禁十年后，清政府再开南洋海禁。

乾隆二十二年(1757 年)，清廷下令："(夷船)将来只许在广州收泊贸易，不得再赴宁波，如或再来，必令原船返棹至广，不准入浙江海口。"这是清廷对外贸易政策的一大转折，即针对外国资本主义势力而厉行闭关政策，只准在广州一口贸易，即"一口通商"政策。

嘉庆十四年（1809），清政府又颁布《民夷交易章程》。

道光十一年（1831），先后制订了《防范夷人章程》和《八条章程》。

道光二十年（1840 年），英国侵略者终于用大炮轰开了中国的大门。

清政府实行闭关政策，构筑了隔绝中外的一道堤墙，对中国社会的前进和中西文化的交流起到阻碍作用。由于闭关锁国，也使中国与世界潮流隔绝，不明世界大势，而清统治者更是闭目塞听。乾隆帝在其《敕谕英吉利国王书》中说："天朝物产丰盛，无所不有，原不借外夷货物以通有无。"足见其夜郎自大。闭关锁国结果正如魏源所说："以通事二百年之国，竟莫知其方位，莫悉其离合。"

满族统治者对汉人防范甚严，他们惧怕外国人支持汉人反抗清朝的活动。乾隆帝曾说："民俗易嚣，洋商杂处，必致滋事。"

由于长期实施"闭关锁国"政策，隔断了中外科技文化的交流，越到清朝后期，皇宫造办处制作的西洋风格艺术品反而越来越少见了。

雍正继位后，严刑禁教，传教士皆逢厄运，唯有在宫廷服务的教士受到特殊礼遇。例如郎世宁等个别传教士，"以西洋的科学技术、工艺美术引起士大夫，直至皇帝等统治阶层的支持，合儒、补儒，以适应中国习俗的方式"，创作具有浓厚鲜明的欧洲绘画风格和情调的油画等艺术品。雍正本人也对西洋奇器有着浓厚的兴趣，在其日常生活中就有许多西洋实用品和奢侈品，如不同种类的眼镜、玻璃转盘、钟表。他还扩建圆明园，在园内兴建西洋风格的装饰建筑，安设西洋日用品和奇巧玩意。

清雍正黑地粉彩莲花纹盘

　　此盘装饰新颖别致，色彩搭配匠心独运，花卉配合卷叶，以黑地五彩的色彩相互配搭，奔放浓烈，具有浓厚的西洋气息，别具一番视觉之美，尤其卷草花叶的翻卷舒展之态，与欧洲巴洛克装饰十分相近，其纹式、色彩与清宫传统彩瓷的装饰风格大相径庭，应为雍正时期西洋之风渐行的具体反映。

　　青山遮不住，毕竟东流去。一件瓷器，记录着曾经有过的东西方艺术的融合。

雍正是历史上最饱受争议的皇帝之一。他的身上笼罩着重重谜团：争储、苛政、暴毙。他以心机深沉、勤政果敢而著称。

雍正为政，励精图治，雷厉风行，同时他又文采风流，品位高雅，有极高的审美情趣，是清代十帝中学养最深厚的皇帝。他对皇家御窑瓷器的要求极为挑剔苛刻，常令造办处"往秀气里收拾""往薄里磨做""往细处收拾"，反复强调要"文雅""秀气""索静""精细"，要求将"内庭恭造式样"作为衡量是否堪用的基本标准。御窑厂顺听其命，所烧造瓷器深受其影响，这使得雍正瓷器成为当今博物馆收藏的精品。雍正官窑瓷器，以清新脱俗、精巧淡雅而著称于世。

《陶雅》曰："洋彩以雍正朝最美，前无古人，后无来者，鲜艳耀眼。"

好一个"前无古人，后无来者"！雍正瓷器向来以清丽淡雅而名重一时，而黑地洋彩器却是如此浓烈奔放，真乃异数。

纵观清代官窑瓷器，黑地洋彩器实为清代官窑异常罕见的品种，唯雍正朝略有烧造。这种黑地洋彩器传世极为少见，属于博物馆级的重要文物艺术品。

洋彩瓷器创烧于清康熙后期，至雍正进入高峰，逐渐取代了五彩，成为景德镇彩瓷的主流产品。但常见洋彩瓷器以白地为多，而此盘外壁以黑色为地。黑色为地尤显典雅高贵，配以花卉莲纹，枝蔓缠绕，繁密有序，热烈欢愉，线条流畅清晰，施彩精细，在黑彩的烘托下色彩更显艳丽耀眼。

黑地洋彩烧制难度大，存世稀少，特别是有雍正款识的，更为少见与名贵。

目前已知，除中国上海博物馆有一件藏品，香港"望星楼"藏有一件，英国维多利亚阿尔伯特博物馆有一件藏品外，海内外公认主流艺术品市场流传者寥寥无几。香港苏富比 2007 年 4 月 8 日春季拍卖会，第 0780 号拍品也是与此盘几乎一致，唯尺寸稍小些，规格仅为 15 厘米。

本件藏品，来源于佳士得伦敦拍卖，流传有序，品相完美，弥足珍贵。

（三）

2016 年 3 月 29 日下午，深圳博物馆副馆长郭学雷研究馆员和佳趣雅集学术顾问金立言博士一起光临寒舍，围坐闲话。当我拿出这件器物与两

深圳博物馆副馆长郭学雷（左）、
金立言博士（中）与冯玮瑜共赏藏品

位老师共赏时，我说这是一件"黑地粉彩器"时，郭馆长就纠正我："当年我在跟故宫的老先生们学习时，对这种类别的釉彩，他们教导我，这不叫粉彩，这是洋彩。因为根据故宫的资料记载，康雍乾时期这种器物就叫洋彩。你看看这盘上这蓝彩，敷彩深厚，浓淡渐变，这是明显的珐琅彩，与其他珐琅彩器是同一样的原料制造的。至于'粉彩'的称谓，最早见之于清末民初，但清宫中从未以'粉彩'为器物命名。"

啊？是珐琅彩？那我这件岂不就是珐琅器？我心中一阵狂喜。

金立言博士也说："有关这洋彩瓷器，台北故宫出版了两本书，分别是《金城旭映·清雍正珐琅彩瓷》和《华丽彩瓷·乾隆洋彩》。里面对洋彩和珐琅彩作了分析研究，特别是台北故宫廖宝秀研究员对洋彩有专述，纠正了清末民初'粉彩'一词的讹传谬误，为洋彩正名。所以现在大家开始接受洋彩的说法。你日后可以找来查看。"

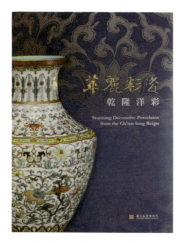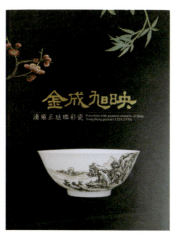

|《华丽彩瓷》《金城旭映》

哪用日后，这二册书我早就藏有。我马上从书柜拿出来，金博士打开，三人一边翻阅检索，一边对比分析。

根据雍正十三年唐英所撰《陶务叙略碑记》文中对洋彩所作解释："洋彩器皿，本朝新仿西洋珐琅画法，人物、山水、花卉、翎毛无不精细入神。"也就是说洋彩，在陶瓷分类上应属珐琅彩釉类，其绘画装饰模仿自西洋。

在唐英著作《陶冶图册》第十七编《圆琢洋彩》中，唐英明确地说明："洋彩所用颜料与珐琅彩相同。"

《华丽彩瓷·乾隆洋彩》一书中，台北故宫廖宝秀研究员认为："洋彩和珐琅彩的主要区别在于纹饰和产地不同。第一，珐琅彩多以传统宫廷绘画方式与纹饰为主，少用西洋绘法与纹饰；而洋彩则相反，多数以西洋绘画及边饰为主。第二，根据养心殿《内务府造办处各作成做活计清档》记载，洋彩制作多完成于唐英督导的景德镇御窑厂；而珐琅彩最后竣工地点则为宫中'珐琅彩'御器作坊。"

这一个暖暖的春日下午，风和日丽，良师益友，旧雨新知，围坐闲话，共赏美瓷。他们博学强记，见解高颖，言语风趣。"古今多少事，尽在笑谈中"。

在一个秋高气爽的下午，中国嘉德国际拍卖有限公司陶瓷部负责人于大明总经理、张迪经理联袂南来广州我家做客，当这只黑地洋彩缠枝花卉纹盘摆在他们面前时，一下子就吸引了他们的目光。他们上手摸了又摸，看了又看，还拿起手电筒打着光慢慢细看，对这件处处透露出异国情调的雍正御窑佳器赞赏不已。

中国嘉德陶瓷部总经理于大明（中）、张迪经理（左）
与冯玮瑜合影

此盘器底施白釉，釉面肥润，糯细如玉。圈足细腻，款字清秀，笔法刚柔并济，处处彰显出雍正御瓷与众不同的气质。

最为奇特的是，此盘风格与传

世的其他御窑瓷器明显不同。与中国传统的审美意趣也大不相同，仿佛花团锦簇之中，一朵黑牡丹突然绽放，奇异却又是如此浓艳，因而格外惹人注目。偏偏花开刹那，旋即绝迹江湖，芳踪难觅，留下的只是几片花瓣，让后人缅怀追寻。

曲终人不见，江上数峰青。

此盘器型优美，胎釉俱佳，纹饰富丽精美，黑地凸显高贵，花卉莲纹，枝蔓缠绕，繁密有致，热烈奔放。从稀缺性、艺术性、美学价值上评估，都是不可多得的隽品。雍正的个人西洋品位和艺术修养被表现得淋漓尽致。

这也是我至今为止藏有唯一一件雍正款黑地洋彩器物。在我藏有的一片素雅内敛的单色釉器物中，这一只黑地洋彩盘是如此浓烈奔放，卓尔不群，真乃异数也！一如它在中国瓷器史里的昙花一现。

长期持有是艺术品投资成功的保证

中国已经成为世界第二大经济体，衣食足然后知荣辱，人们的需求层次已经从物质需求向精神文化需求升级，暴发户已不是社会崇拜的对象，有品质的生活才是我们的追求，艺术品就是我们精神生活上的寄托。现在艺术品收藏理财的风尚才刚刚开始，未来大有可为。

艺术品收藏理财不像股市，持有时间是以五年、十年、二十年为周期的。喜欢它、欣赏它并持有它，在一段时间内，它在给你精神享受的同时，还能使你获得经济收益——这就是收藏理财。

我们见到一个个成功的案例，大部分案例都有着一个共同的特点：长期持有，甚至家族传承。

万达集团王健林早在上世纪80年代末90年代初便开始收藏。日前，他接受采访时说："收藏是我人生最成功的投资，平均起来至少增值一千倍。当年一万元钱的画，现在卖一千万元是没问题的。很简单，比方说市场中我是吴冠中最大收藏家，我有七十多幅吴冠中的画。吴先生一生画画很少，就画了一千来张画，基本在海外，国内很少，而且他的大画，一共就画了四张，我现在有三张。因为当时对他认识比较早，我觉得他是创新，市场上不接受他，认为他的画不中不西，后来慢慢被市场接受。像他的画，我们的收藏价值几何？

前期买一共花了就几千万元，现在这七十多幅画值多少钱？几十亿元。还有很多很多例子。"

1915 年 4 月 22 日，醇亲王府的管事张彬舫立字为据，把来自乾隆皇帝旧藏的 6 幅古画（赵令穰《鹅群图》、王冕《雪梅图》、赵孟頫《洗马图》、陈容《六龙图》、李公麟《便桥会盟图》、韩干《马性图》）以 6000 大洋卖给日本古董商山中商会，山中商会后来转卖给滕田美术馆，这 6 幅古画在 102 年后的 2017 年 3 月 15 日在佳士得纽约上拍，一举拍得 1.24 亿美元（折合人民币近 8 亿元）。

滕田美术馆在持有这 6 幅古画 100 年后，巨额回报震惊世人。

三十年的改革开放，打开国门，让我们重新认识世界，也让我们知道了西方现代的理财观念，知道艺术品收藏也是西方家族财富传承的一种方式。

雍正皇帝本人对西洋艺术也很欣赏，雍正洋彩极为艳丽华贵，纹饰构思巧妙新颖，层次清晰，画工精细，色彩富有层次感，传世中所见极少。这样漂亮精致的御用瓷器，世不多见，这是我购藏的原因。

世界变得太快，如果我们不提前做好人生的理财规划并付之于行动，会来不及在现有的领域坐享退休，安度晚年。

把握现在，我们才会有美好的未来。

第 10 章

疑是玉人来

一对
清雍正白釉暗刻葵花杯及杯托
入藏记

藏品：一对白釉暗刻葵花杯及杯托　　　来源：中国嘉德2016年春季拍卖会
年代：清雍正　　　　　　　　　　　　　　　　编号2794
款识：无
尺寸：口径 7.2 厘米

2016年，著名收藏家冯玮瑜收藏

　　此杯一色纯白，釉面匀净光泽，釉汁肥腴，釉质细腻，莹润如脂，与美玉无异。此杯薄如脱胎，光透杯壁，隔杯见物。杯壁暗刻纹是上下两层风卷葵式，几何造型，每片花瓣大小都是等比例，相间匀称，花瓣内还暗刻花朵的脉络纹，精美绝伦，似鬼斧神工。

历史上的雍正皇帝，除了勤勉政事以外，其审美品位也是首屈一指，纵观整个清代帝王，无出其右。

雍正为人严苛，责罚极其严厉，偏偏他学养深厚，审美品位极高，所以雍正御窑产品，无不迎合雍正的要求：秀美、淡雅、精巧。

雍正之前的康熙瓷器，大多敦厚古拙，有浑厚敦实之感。雍正之后的乾隆瓷器，往往新奇有趣，风格华丽，但敦厚不如康熙瓷器，秀美不及雍正瓷器。雍正瓷器大多胎薄体轻，隽美妩媚，甚至连各类生活用瓷也有精致小巧的特征，无论是瓷瓶、瓷碗，还是壶、尊、罐，乃至文房用具，均是器态柔美俊秀，纤细玲珑。

雍正御瓷器型创新的不多，大多是古而有之。但独独雍正御瓷，胎薄体轻，隽秀尔雅，小巧玲珑，线条优美，比例适宜，釉色淡雅柔和，别有风致。雍正瓷器的外观线条美到什么程度，有人这样形容"增一分则太拙，减一分则太陋"，可见雍正瓷器的隽美。雍正瓷器通常都富于规律性和韵律感，具有几何形态的审美趣味，非常符合现代美学构成规律，与我们如今的审美观不谋而合，故雍正御瓷特别吸引各方藏家的关注。凡雍正御瓷，拍卖场往往拍出高价。

（一）

　　2016 年中国嘉德春季拍卖会，举办了一场"花香供佛·瓷珍雅玩"的专场拍卖。这个专场特邀香港著名古董商、鉴赏大家黄少棠先生作为学术顾问，专场的拍品全都经他掌眼把关。这种"花香供佛"专题应是国内拍场首创吧。一个个古董花瓶、花器，插上鲜花，立即鲜活起来。原来古董器物可以寓收藏于实用，做一个现代的实用器，与现代生活融合在一起，竟如此的迷人，如此的赏心悦目。

　　刚好在这场春拍同期，中国嘉德邀请小女子以自家藏品为主题举办"皇家气象——自得堂藏明清御窑黄釉器特展"。观者如云，众人评价这是国内外藏瓷界仅见的皇家黄釉器专题展，不是之一，而是从未有过。两宗开创性的好事都凑到一块了，兼之我与黄少棠老师的渊源，所以我对嘉德这个专场的拍品也特别留意。在这个专场里，编号为 2794 的一对清雍正白釉暗刻葵花杯及杯托令小女子怦然心动：多么漂亮！多少轻巧！玲珑剔透，可爱极了！

"皇家气象——自得堂藏明清御窑黄釉器特展"现场照片

玮瑜说瓷
Tales from Chinese Collections

单色釉，指一件瓷器上只施一种釉料。一般以某种烧成釉色的颜色来定名，常见的单色釉有黄釉、白釉、青釉、红釉、蓝釉、黑釉、酱色釉等许多品种。

这对葵花小杯，线条优美婉约，薄如蝉翼，釉色匀净，白如堆雪，晶莹剔透，更难得还配有杯托，整套齐全。而配套的杯托，同样胎薄如纸，并且也是葵花口造型，釉色与小杯一致，连杯托的暗刻纹饰也与小杯相同，确是原配的一套。这样精致、玲珑的一对小杯，非得精心爱护才可流传至今。

雍正朝毕竟距今 300 多年了，御瓷小杯辗转流传至今，完好一对，还配有杯托，整套齐全者，可谓凤毛麟角，可遇而不可求啊！

我轻轻捧在手上，久久舍不得放下。

雍正御瓷，处处体现出雍正精益求精的性格和审美情趣。据说素雅高贵的单色釉是雍正最喜欢的瓷器种类。雍正年间，单色釉瓷器颜色较之康熙时期更加精致和柔美，暗纹的绘制也更加轻巧纤细，且注意构图，有密集有留白，甚至有规律几何韵律纹识。

这套小杯具有以上雍正御瓷特点，可惜此套杯没有款识。

虽心中已确认此杯必雍正御瓷无疑，对于款识问题，小女子还想请教一下别人，以便互相印证。"虚心使人进步，骄傲使人落后"，古董这行，多向别人请教，就会从不同的角度学习到新知识。

我请教嘉德拍卖公司的温华强先

中国嘉德陶瓷部温华强（左）与冯玮瑜合影

白釉暗刻葵花杯，杯薄如脱胎，光透杯壁

| 白釉暗刻葵花杯及杯托一对

生："没款的，怎么看？"小温说："这对杯入库后，我们认真研究过，它应该是雍正无款官窑器。康雍时期，皇帝为了摹古，也专门下旨让景德镇仿做一些前朝的名器。这是有清宫档案可查的，包括永乐的甜白、宣德的红釉永宣的青花，有故意不写款的，也有仿款的，拍场上时有见到。这对白釉杯应该是雍正仿永乐的，是官仿官器。这个专场的东西，都经黄少棠老师掌眼，断代准确，毫无疑问的，所以我们在图录上就清楚标明了是清雍正。"

所谓"官仿官"，就是指后代的皇帝追慕前代官窑名器，特命本朝御窑仿制。例如康熙、雍正皆有仿制明成化的斗彩鸡缸杯，乾隆也有仿汝窑、仿官窑的瓷器，因为是本朝官窑专仿前朝官窑，所以就叫"官仿官"。"官仿官"器多以前朝器物作样本，追求肖似，不计成本，故仿制水平极高，几可乱真。因为是以官窑标准、要求去仿制，故质量极佳，民间仿品不可

中国古陶瓷鉴赏大家黄少棠（左）与冯玮瑜合影

望其项背。

　　兼听则明，我又请教黄少棠老师的高徒郑里大哥："因为没有款，如何判定它就是雍正的呢？"郑大哥肯定地说："这要从胎釉和制作工艺看，这对杯虽然没款，但这是一眼货，标准的雍正官窑器。"

　　黄少棠老师的另一高徒曹万里先生，拿起这对小杯，打开手电筒，仔仔细细地看了一圈后说："从胎土、釉色看，此杯确是雍正官窑器，特别是从修坯、暗刻纹饰来看，能把杯壁修造得薄如脱胎，而又暗刻得如此精细，非雍正御瓷之工不可。"

　　清代的白釉器，因为制瓷用的胎土与明代的胎土不同，明代的胎土早已开挖用完了，清代是用另外的泥料，所以烧制出来就有区别。清代的白釉器白中泛青，与明代明显不同。康雍乾的胎土、釉料，由于淘练工艺、质量要求的不同而导致三朝各有不同特点，凭胎、釉还是可以分辨的。而

| 清雍正白釉暗刻葵花杯及杯托一对

制作工艺更是明显，雍正御瓷修坯的轻、巧、薄，暗刻的精细程度，是整个清代都不能比拟的。

"英雄所见略同"，有了几位老师的印证，大可放心了。

（二）

波澜不惊，通过嘉德这场拍卖，小女子就把这对雍正白釉暗刻葵花杯收入囊中了。

此杯一色纯白，釉面匀净光泽，釉汁肥腴，釉质细腻，莹润如脂，与美玉无异。此杯薄如脱胎，光透杯壁，隔杯见物。杯壁暗刻纹是上下两层风卷葵式，几何造型，每片花瓣大小都是等比例，相间匀称，花瓣内还暗刻花朵的脉络纹，精美绝伦，似鬼斧神工。可见当时的工匠耗费了多少时间与心力啊！

轻轻捧起一只小杯，慢慢地旋转一圈，随着光影明暗，杯壁暗刻的风卷葵纹隐现灵动，忽明忽暗，曲线起伏有致，这个小杯便如一朵盛开的小葵花般生动鲜活起来。

这对小杯太纯白、太莹润、太轻薄了！壁薄如纸，吹弹可破，手捧小杯，如捧美人，"楚腰纤细掌中轻"。

这哪里是御用小瓷杯，分明是帝王赏玩的艺术品！哪舍得真的使用啊！它那么纯美，轻盈飘逸，似掌上飞燕，让人怜爱万分，真恐雨打风吹去……

在瓷器纹饰选择主题上，雍正皇帝似乎格外青睐花卉。但无论什么样的纹饰，真正让雍正瓷器在众多御瓷脱颖而出的，还是绘制纹样的手法和技巧，素雅浅淡的纹样颜色，错落有致的瓷面构图，纤细柔美的笔触线条，都使得雍正瓷器成为清代宫廷瓷器中的审美巅峰。

我挥一挥衣袖，这对简洁素淡的白釉杯就悄悄地来，"月移花影动，疑是玉人来"。

2016年10月1日至5日，香港苏富比秋拍又隆重登场了。在这场拍卖里，出现了一只雍正款白釉葵花杯，图录号是3657，有收藏来源。从图录上看与我那对一模一样。这太好了，有实物比较则可佐证了。到了预展，我就迫不及待上手仔细地看，越看越觉得苏富比这只如果不是有款识，不就是我那对里的一只吗！

陪同我一起看苏富比预展的郑里大哥也说："跟你那对是一样的，有款而已。"

此杯形制、厚薄、暗刻纹饰与我的那对藏品如出一辙，所不同的是尺寸略大，底有青花三行六字款"大清雍正年制"。这件直径是 9.1 厘米，而我那对是 7.2 厘米，杯子是越小越见精巧的。

终于有佐证了：雍正年间御窑确实生产过此类葵花杯。宫廷瓷器功能各有不同，尺寸有异。可能因某种未知原因，烧制时就有写款识和故意不写款识的，而我收藏的那对虽没有写款识，但同样是雍正御窑产品。

我拿在手上把玩良久，心中感叹：有款与没款，价格差了多倍！这还没算一对儿的，一对的器物一般比两个单个价格加起来还要贵三分之一呢，而且我这一对还有原杯托呢（杯与杯托配起来才属于整齐的一套）！

研究的过程，就是对比论证的过程，更是学习的过程。实物的参照对比、资料考证，都是提升眼光的重要途径。

（三）

第二天苏富比秋拍瓷器专场就开锣了，小女子的心思没放在研究这场秋拍的举牌策略上，因为今晚"有朋自远方来"。

香港之夜，灯光璀璨，熠熠生辉，分外妖娆，维多利亚港岸边的湾仔香港会展中心附近，更是灯火如昼，熙熙攘攘。原中国嘉德国际拍卖有限公司陶瓷部总经理刘越先生和夫人，专门来我下榻的酒店小聚。我住的是酒店套房，分开商务厅和客房，刚好用来接待贵宾。自从五月份在北京举办"皇家气象——自得堂藏明清御窑黄釉器特展"后，我们就一直没见过面。

"多少事，从来急，天地转，光阴迫。"才短短半年，刘越老师因个人另有发展而离开嘉德了，而我也刚勉为其难担起了"中华传统文化澳门行"组委会秘书长工作，正为千头万绪的澳门展览活动而奔波不停。平日我们只有微信问候，通告一下近况。

这些年常得到刘老师的指教，他突然离开嘉德了，小女子一直想再当面好好道谢，却缘悭一面。在内地没碰上，反倒今晚在香港见面了。"浮云游子意，落日故人情"，他乡遇故知，分外高兴。他送了一本《龙缸》给我。这本书是刘老师的新作，也是当前的畅销书，有幸拜读，小女子喜不自胜。刘老师自己谦称是"书生"，实乃"才子"也。在古董收藏界，能一而再地写作出版收藏故事类小说的，能有几人？今晚他们夫妇到访，惊见嫂夫人竟是如此美丽温婉。他们夫唱妇随，如闲云野鹤，在江湖中逍遥自在，让小女子羡慕不已，自忖本是红尘中人，比不得刘老师"才子词人，自是白衣卿相"。

我们很自然地聊起第二日响槌的香港苏富比秋拍瓷器。我谈起苏富比这件雍正款葵花杯，印证了我从嘉德春拍收藏的那对葵花杯，同样是雍正御窑产品。刘老师对春拍那对葵花杯还印象特深，他说："嘉德那对本来就是官窑器啊！只不过没款识，价钱就不能跟有款识比，我记得你拍得并不贵呀，对比苏富比这只，算是捡漏了。"

呵呵，小女子对捡漏不感兴趣，对印证了这对葵花杯的出处反而满心高兴。

这晚长聊，谈人、谈事、谈书、谈拍品、谈未来，娓娓而谈，闲话家常，乐也融融，临别依依。我送他们夫妇到电梯口，看着电梯门慢慢合上，心中弥漫着浓浓的友情。

"别来沧海事，语罢暮天钟。明日巴陵道，秋山又几重。"

从香港回到广州，再看这对葵花杯，它依然是那么妩媚动人，如玉人般温婉，凝眸无语，全不晓得我为证实它来源出处所费的苦心。是的，清者自清，何需求证。小女子是庸人自扰之。

想起了汉武帝："若得阿娇作妇，当作金屋贮之也。"

想起了杜牧那一句："二十四桥明月夜，玉人何处教吹箫。"

沏一壶香茶，轻轻地注入这对杯内，看着白色的小杯内，汤色氤氲，茶烟袅袅，缥缈缭绕，如云卷云舒……

岁月静好，忍把浮名，换了浅斟低唱。

看了我在雅昌网"冯玮瑜专栏"发表的这篇文章后，马上就有长沙藏友、且艺庄艺术中心的马明华先生发来照片和微信："曾经属于我，共四只。一对完整，就是文章中的这对，一对有小瑕疵，让给朋友了。"

小女子非常感兴趣，马上问："马老师，那对杯有出处吗？"

马先生回答："荷兰小拍拍出来的，没注明出处。到您那以后就有出身了。"

马先生还说："收藏就应该像您这样，充分挖掘藏品背后的文化，像我们这样快买快卖就失去了很多乐趣。"

中国收藏家协会国际艺术委员会主委王竹老师也说："清三代凡不落款识且胎釉工艺可定为官窑器者，在当时多有特殊用途，尤其是单色釉品种，更是如此。"

真是让人高兴的事，一篇小文，不但了解到这对葵花杯的来龙去脉，长了知识，而且好朋友又联系上了，倍感亲切，瓷缘啊！

带着一双审美的眼睛来收藏

收藏，在封建时代曾经是士大夫们的雅好，现在成了富豪们的爱好。不少富豪做收藏，表面上似乎无心插柳或者附庸风雅，实际上也是他们理财的一种方式。

收藏成为理财的一部分，意味着藏品要流通才能变现回笼资金，这个流通过程就是从上一手流转到下一手的过程，无非通过私洽、拍卖、展销等方式实现。那什么样的藏品才容易让下一手产生兴趣而有购藏的欲望呢？——美！美的器物总是惹人喜爱。

同时代下，审美是有共同标准的，一个奥斯卡电影女明星，无论是西方人还是东方人，都会觉得那明星是个大美女，可见人类还是有同样的审美标准。器物也一样，在同样的文化下，美不美？同样是有感知的。不错，各花入各眼，那是在相同的审美标准下，各人有不同的审美取向，总不会公认的"丑八怪"，偏偏就认为美吧？就算有，也是极个别人的趣味，"公认"本身就是一个标准。

就拿股市来说，有绩优股也有垃圾股，垃圾股与绩优股泾渭分明，大众是持同样的判定标准。像在绩优股里，各人根据各自偏好选择不同行业的绩优股进行投资一样，在瓷器收藏里，有人喜欢浓郁的青花，有人喜欢艳丽的彩瓷，有人喜欢淡雅的单色釉，这是各人不同的品位，但总不会拿个破旧的陶药罐，说它比青花、彩瓷、单色釉更美吧？在相同的审美标准下，萝卜青菜，各有所爱。

如果你的审美标准不是太另类，你认为漂亮的、你喜欢的精品，大多数人也会喜欢，这样的藏品，将来出手转让时，也会受到众人喜欢和追捧。你认为不漂亮、不喜欢的，就不要购藏，己所不欲，勿施于人。

由于雍正皇帝本身学养深厚，要求严格，使雍正御瓷达到清代御瓷的顶峰。我收藏的这对雍正白釉葵花杯，工艺精湛，刻工精细，充满韵律感，美妙婀娜。

雍正御窑的白釉瓷器，瓷土选料精细，制坯工艺严格，烧结火候适度，因而胎薄体轻，坚白细润，成型规整，可与明代永乐、成化白釉瓷器媲美。

现代人受到良好的教育，对美的感知不会太生涩困难，在用自己的眼睛去感受这个美好世界的同时，也可以用自己的眼睛去判别艺术品是否美妙。

传递出这种美的艺术品带给你精神愉悦，同时带给你超值的财富回报。

后　记

　　本书即将付梓了。此书能够出版发行，首先要感谢这个伟大的时代。

　　"旧时王谢堂前燕，飞入寻常百姓家。"如果不是处身这个伟大的时代，就没有这个千载难逢的机遇，在我一个小女子身上，根本就不会发生那么多与瓷器的聚合故事。

　　没有国家的强盛，哪有个人发展的空间？哪谈得上什么艺术？哪谈得上什么收藏？

　　不是我个人有什么超人能力，而是我身处中华民族伟大复兴的进程之中，我生逢其时而已。

　　本文中所叙述的故事，都是我的亲身经历和切身感受。艺术与收藏，其实完全可以融入我们的生活当中，你可以感受到除了柴米油盐外，生活还可以过得更加惬意舒坦。艺术和收藏，正好满足我们内心深处的精神需求。人生苦短，在有限的生命里，因为有了艺术、有了收藏，我们的生活就更加精彩。

感谢在我收藏过程中给我指点和大力帮助的耿宝昌、吕成龙、葛师科、胡妍妍、吴欢、温伟文、黄少棠、林业强、郭学雷、曹建文、金立言、阎焰、曾志芬、李佳、李宝平、于大明、王晶、刘旸、朱绍良、卢庆新、刘尚勇、刘越、杨国辛、范勃、曾波强、张志、王竹、徐瀚平、项立平、连怀恩、陈良玲、唐晞殷、谢忻熹、张迪、温华强、郑里、周俊、李伯延、文玮等老师（排名不分先后），还有所有支持和帮助过我的朋友，因为有你们的见爱和提携，我的收藏之路才可以不走弯路。

本书能够出版，还要多谢中资海派董事长黄河先生。如果没有黄河先生的多次鼓励，我的涂鸦之作只是自我沉吟，自娱自乐，不会出版发行，与广大读者一起分享。

感谢为本书作序或写推荐语的吴欢、吕成龙、万捷、许戈辉、徐家荣、徐景权、郑磊、宋三江、毛丹平等老师(排名不分先后)。谢谢您们的热心推荐。

还要感谢总编辑桂林老师、责任编辑罗丹、特约编辑乔明邦、美术编辑王雪和器物摄影曹勇先生。因为由交稿到出版，时间非常紧迫，桂总、罗丹、王雪和乔先生加班加点，校对、核对资料、版式设计等无不呕心沥血，勤恳认真地做好编辑出版工作。

还要谢谢中资海派公司的努力，中资海派是以出版经济管理类书籍为主，这次毅然决然出版这本既属于艺术收藏类又属于社科、经济类别的书籍，而且抽调该社的精英负责编辑、版面设计等工作，感谢中资海派的勇气和厚爱。

再次深深地感谢广大读者，希望拙作能让你们喜欢，并敬请多提宝贵意见。

　　《冯玮瑜亲历收藏系列》的第二本已在编辑过程中，很快又能与读者再见面，希望你们能够继续喜欢，你们的喜欢是我写作的动力。

2017 年 1 月 2 日

"iHappy 书友会"会员申请表

姓　名（以身份证为准）：＿＿＿＿＿＿　　性　别：＿＿＿＿＿＿＿＿＿＿

年　龄：＿＿＿＿＿＿＿＿＿＿＿＿＿　　职　业：＿＿＿＿＿＿＿＿＿＿

手机号码：＿＿＿＿＿＿＿＿＿＿＿＿　　E-mail：＿＿＿＿＿＿＿＿＿＿

邮寄地址：＿＿＿＿＿＿＿＿＿＿＿＿　　邮政编码：＿＿＿＿＿＿＿＿＿

微信账号：＿＿＿＿＿＿＿＿＿＿＿＿＿　（选填）

请严格按上述格式将相关信息发邮件至中资海派"iHappy 书友会"会员服务部。

　　邮　箱：szmiss@126.com

　　微信联系方式：请扫描二维码或查找 zzhpszpublishing 关注"中资海派图书"

优惠订购	订阅人		部　门		单位名称	
	地　址					
	电　话			传　真		
	电子邮箱		公司网址		邮　编	
	订购书目					
	付款方式	邮局汇款	深圳市中资海派文化传播有限公司 中国深圳银湖路中国脑库 A 栋四楼　　　邮编：518029			
		银行电汇或转账	户　名：深圳市中资海派文化传播有限公司 开户行：工商银行深圳八卦岭支行 账　号：4000 0273 1920 0685 669 交通银行卡户名：桂林　卡　号：622260 1310006 765820			
	附注		1. 请将订阅单连同汇款单影印件传真或邮寄，以凭办理。 2. 订阅单请用正楷填写清楚，以便以最快方式送达。 3. 咨询热线：0755-25970306 转 158、168　传　真：0755-25970309 转 825 E-mail：szmiss@126.com			

→利用本订购单订购一律享受九折特价优惠。

→团购 30 本以上八五折优惠。